Anselm Grün

# Buch der Sehnsucht

Anselm Grün

# Buch der Sehnsucht

Herausgegeben von Anton Lichtenauer

FREIBURG · BASEL · WIEN

Gedruckt auf umweltfreundlichem,
chlorfrei gebleichtem Papier

2. Auflage

Alle Rechte vorbehalten – Printed in Germany
© Verlag Herder Freiburg im Breisgau 2003
www.herder.de
Herstellung: freiburger graphische betriebe 2003
www.fgb.de
ISBN 3-451-28111-2

# Inhalt

Vorwort
7

I.
Sprache der Seele
11

II.
Wie wir sind. Und wie wir sein könnten
15

III.
Im Innersten berührt
61

IV.
Größer als unser Herz
149

V.
Das Schönste am Ende
219

# VORWORT

von Anton Lichtenauer

■ ■ ■

Nie ist die Sehnsucht unbändiger als in der Jugend. Die erste Liebe, die große Freundschaft – und der Himmel steht offen. Alles scheint möglich – irgendwann, nein: bald. Leben muss phantastisch sein, und es fängt gleich hinter dem Horizont an. Nichts wie hin.

Und später? Eine Straßenbahnlinie, die ihre immer gleiche Strecke abfährt, hat Tennessee Williams zum beiläufigen Sinnbild des Lebens gemacht: „A Streetcar Named Desire." „Endstation Sehnsucht" ist der deutsche Titel dieses Stücks über ein Leben, das festgefahren ist in den Gleisen des Scheiterns. Die Umsteigelinie heißt „Cemetery" und führt – zum Friedhof. Das Stück handelt von Menschen, die im Wirbel von Wünschen und Begierden, Sehnsüchten und Trieben am Ende sich selbst zerstören. Und die zentrale Aussage: „Tod – der Gegensatz dazu heißt Sehnsucht."

Der Banalität verweigern sich beide, die jugendliche Sehnsucht und die Verzweiflung Erwachsener. „Göttlich sind die Liebenden, die Spötter/ alles Verzweifeln, Sehnsucht, und wer hofft." Gottfried Benns Satz trifft sich mit dem, was Tennessee Williams in seinem Stück sagt. Verzweiflung und Hoffnung, Zynismus und Sehnsucht sind nah beieinander, weil sie weit über das Gegebene hinaus wollen. Es ist diese Grenzüberschreitung, die den spirituellen Autor Anselm Grün an der Sehnsucht interessiert.

Sehnsucht ist überall. Die Plakatsäulen unserer Städte, die Hochglanzanzeigen der Illustrierten verheißen: Tausche Geld gegen Glück! Hier und jetzt und ohne Warten, gegen cash. Nicht ein Auto kauft man, sondern Vitalität und Vorsprung. Die Kreditkarte, das ist Verfügung über Träume. Der Bausparvertrag – Selbstverwirklichung. Eine Versicherungspolice – Geborgenheit. Zigaretten stehen für wilde Ungebundenheit oder kultivierten Stil, je nach Marke. Und der Diamant als Geschenk verspricht: unvergängliche Liebe.

Sehnsucht macht der Kauflust Dampf und vernebelt Kopf und Herz. Die Versicherung: Haben kann man alles. Und: Was man haben kann, das ist auch schon alles. Der reinste Versicherungsbetrug. Das Hamsterrad der Gier gibt keine Ruhe, immer schneller wird die Drehung, angetrieben vom Wunsch nach immer mehr.

Sehnsucht trägt ein doppeltes Gesicht. Sie erfüllt – oder zehrt und nagt. Sie kann die Seele wärmen oder sie auch schier verbrennen. Und der Traum, das Paradies hier auf Erden zu verwirklichen, hat in der Vergangenheit immer wieder auch eine zerstörerische Kraft freigesetzt, die alles kurz und klein schlug.

Wer den Mangel empfindet, kennt die Sehnsucht. Aber auch, wer einmal das berauschende Glück erlebt hat: „Wirklich oben ist man nie", sagen die Bergsteiger, die nach der Gipfelbesteigung beim Abstieg ins Tal vom nächsten Gipfel träumen. Wo Leere ist, ist Sehnsucht. Aber auch das ist Sehnsucht: Ein Versprechen liegt in der Luft, ein Traum lockt. Sehnsucht zielt auf Erfüllung und verheißt dem Leben Sinn, Ziel, Bedeutung, Glanz. Wie die Liebe.

Liebe und Sehnsucht gehören zusammen. Auch die Liebe will Grenzen überspringen, die dem eigenen Ich gesetzt sind. Nach der griechischen Mythologie ist Eros ein Dämon, ein Zwischenwesen zwischen den Göttern und den Menschen. Penia, die Armut, ist seine Mutter und sein Vater der Gott Poros. Weil er an beiden Welten teilhat, kann Eros zwischen dem Göttlichen und dem Menschlichen vermitteln. Er weiß, dass Menschen bedürftig sind: arm und liebeshungrig. Und er hält die Sehnsucht nach der Liebe wach. Die Sehnsucht träumt davon, all das aufzuheben, was an uns Begrenzung ist. Und im Eros lebt die Lust auf ein Glück, das nie aufhört: „Alle Lust will Ewigkeit." Sehnsucht hofft, endgültig und für immer, in allem unerlösten Lärm das entscheidende Wort zu hören,

8

das Trost gibt und Geborgenheit. Im hektischen Auf und Ab des Alltags den erfüllten Augenblick zu erleben, in dem die Zeit ganz aufgehoben ist. In all der Lust die Liebe, die *mich* meint, zu finden. Wenn wir dieser Sehnsucht in uns folgen, so Grün, führt uns das auf unsere eigentliche Lebensspur.

Natürlich weiß Anselm Grün um das Doppelgesicht der Sehnsucht. Trotzdem hält er sie für die wichtigste spirituelle Kraft in uns. Sie zeigt den Weg zum wahren Glück.

Eine sehnsuchtslose Welt wäre ein Alptraum – wenn das Leben nur die „letzte Gelegenheit" wäre, alles noch in sich hineinzustopfen, oder alles zu horten in der Gefriertruhe des Ego. Anselm Grüns Vorstellung vom Glück ist anders: Das Feuer in der Seele nicht ausgehen lassen, sondern es schüren, damit die Welt nicht erkaltet und verhärtet. Die Ziele weit stecken – und so Raum lassen für Hoffnung und Traum. Das Herz weit machen, denn in unserer Sehnsucht erst finden wir wirkliche Heimat. Geborgenheit suchen – aber nicht stehen bleiben beim einmal Erreichten. Sein Rat: Lass deine Träume nicht versanden. Suche Räume, in denen du sein und werden kannst, was du bist. Lebe Beziehungen, die heilsam sind. Verlass die starren Gleise des Gewohnten, bleib auf dem Weg. Geh deiner Sehnsucht auf den Grund – und halte sie wach.

Nichts anderes ist übrigens Spiritualität. Anthony de Mello, auf den sich Anselm Grün gerne bezieht, hat einmal gesagt: „Um in dem Abenteuer, genannt Spiritualität, Erfolg zu haben, muss man fest entschlossen sein, aus dem Leben so viel wie möglich herauszuholen. Viele Menschen begnügen sich mit Nichtigkeiten wie Reichtum, Ruhm, Bequemlichkeit und Sozialprestige." Ziele, die viel zu klein sind, im Vergleich zu dem, was wirklich möglich ist.

Also: Endstation Sehnsucht? Nein – Sehnsucht ist der Anfang jeder Lebenskunst. Mehr noch: Sehnsucht ist der Anfang von allem.

# I.

## SPRACHE DER SEELE

# EINE EMOTION VOLLER KRAFT

■ ■ ■

Das deutsche Wort Sehnsucht ist kaum in andere Sprachen zu übersetzen. Und auch das griechische Wort, das der Sehnsucht zugrunde liegt, hat nicht die Bedeutungsfülle, die der Begriff in der deutschen Sprache angenommen hat. Das griechische Wort *epithymía* meint eigentlich Verlangen. Es kommt aus dem *thymós*, aus dem emotionalen Bereich. *Thymós* heißt ursprünglich Luft, Sturm, das Bewegte und Bewegende, die Lebenskraft. Ursprünglich meint das griechische Wort also eine Erregung, ein heftiges Verlangen, das mit der ganzen Vitalität des Menschen gefüllt ist. So benutzt es noch Lukas, wenn er von Jesus sagt: „Epithymía epethýmesa = mit Sehnsucht habe ich mich danach gesehnt, dieses Paschamahl mit euch zu essen" (Lukasevangelium 22,15). Jesus spricht hier von einer Sehnsucht nicht nur des Geistes, sondern seiner ganzen Person, von einer Sehnsucht, die voller Kraft ist, voller Erregung des Herzens. In der griechischen Philosophie wird das Wort häufig abgewertet als Begehren des Fleisches, das dem Geist widerspricht. Und auch in der Bibel wird das Wort meistens in dieser negativen Weise benutzt, als etwas Sündiges, Gottwidriges.

Das lateinische Wort *desiderium* meint ursprünglich „Verlangen, Begehren". Es hat offensichtlich mit *sidus* = „Gestirn" zu tun. Die lateinischen Schriftsteller sprechen vom Feuer der Sehnsucht oder von der brennenden Sehnsucht nach etwas, das man nicht hat. Die Sterne kann man nur sehen. Aber man kann sie nicht greifen.

In der stoischen Philosophie wurde das Begehren häufig mit *desiderium carnis*, mit dem fleischlichen Verlangen, gleichgesetzt. Doch bei Augustinus bekommt dieses Wort wieder seine ursprüngliche Bedeutung von Sehnsucht. Er spricht davon, dass jedes menschliche Verlangen und Begehren letztlich über diese Welt hinauszielt. Thomas von Aquin hat diese Vorstellung des Augustinus aufgegriffen und die Lehre vom *desiderium naturale* entwickelt. Der Mensch hat eine angeborene Sehnsucht nach der Gottesschau, nach der Vereinigung mit Gott. Er kann seine Menschwerdung nur vollenden, wenn er mit Gott eins wird.

Das deutsche Wort „Sehnsucht" sagt uns in seinen Bestandteilen noch etwas anderes: Es ist zusammengesetzt aus den zwei Bestandteilen: „Sehne" und „Sucht". Das erinnert an die Sehne, die gespannt ist, wenn der Mensch zum Sprung ansetzt, oder an die Bogensehne, bevor der Pfeil abgeschossen wird. Sehnsucht hat also mit einem inneren Gespanntsein zu tun. Mit seiner ganzen Energie wartet der Mensch auf den Sprung, um das zu greifen, worauf seine Sehnsucht zielt, oder auf den Schuss, der ins Ziel trifft.

Der Duden sagt, dass das Wort „sich sehnen" nur im deutschen Sprachgebiet gebraucht werde. Er verbindet es nicht mit der „Sehne", sondern mit dem mittelhochdeutschen Wort „senen = sich härmen, liebend verlangen". Es klingt das Schmerzliche mit und erinnert an eine Liebe, die noch nicht erfüllt ist. Der Verliebte sehnt sich nach der Freundin, um sich ihrer Liebe zu vergewissern. Sehnsucht kann auch wehtun. Wer verliebt ist, ist ganz und gar auf den geliebten Menschen ausgerichtet und wartet darauf, dass seine Liebe erwidert wird. Er hat den Eindruck, er würde sterben, wenn seine Liebe ins Leere ginge.

Das Wort „Sucht" kommt nicht von „suchen", sondern von „siech sein, krank sein". Sucht meint also ein krankhaftes Verlangen, eine krankhafte Abhängigkeit. Sehnsucht ist aber keine Abhängigkeit von einem Stoff wie Alkohol oder Drogen, auch nicht von Geltung oder Ruhm. Die Sehnsucht zielt auf etwas anderes, auf Heimat, Geborgenheit, Glück, Liebe, Schönheit, Erfüllung. Sie zielt auf die Vollendung. Aber wie der Mensch sich manchmal krank vor Liebe fühlt, so kann auch die Sehnsucht nach dem Ewigen in ihm so stark werden, dass er keinen Geschmack mehr am Alltäglichen findet. Dann fühlt er sich krank vor Sehnsucht.

Die Verbindung von Sehnen und Sucht hat wohl dazu geführt, dass im letzten Jahrhundert das Wort „Sehnsucht" verpönt war. Man assoziierte damit eher etwas Krankhaftes. Menschen geben sich ihrer Sehnsucht nach Unerfüllbarem hin, anstatt sich den konkreten Herausforderungen der Gegenwart zu stellen.

Die Romantik war noch voller Sehnsucht. Eichendorff und Novalis sind Zeugen dieser romantischen Sehnsucht. Für sie und ihre Zeit ist es ein durchaus als positiv und wertvoll verstandenes authentisches Gefühl. Doch nachdem Sehnsucht als Flucht vor der Wirklichkeit verfälscht wurde, mied man lange Zeit dieses Wort. Es verschwand aus dem Wörterbuch der positiven Emotionen. Erst in unserer Zeit ist es wieder zu einem Urwort geworden.

Die Menschen spüren, dass unser Leben ohne Sehnsucht langweilig wird. Es verliert die Spannung, die Offenheit für das Geheimnis, die Weite und Lebendigkeit. Wir leben in der Spannung zwischen der Kraft, die in der „Sehne" steckt, und der krankhaften Trägheit der Sucht. Wenn nur ein Pol – Ruhe oder Anspannung – gelebt wird, wird der Mensch krank. Wer nur die Ruhe sucht, versinkt leicht in Bequemlichkeit. Wer nur auf seine Sehne, auf seine eigene Kraft baut, verausgabt sich. Dann reißt die Sehne. Wenn jemand süchtig wird, verliert er seine Freiheit.

Die Anstrengung des Sehnens muss in die angespannte, aber zugleich gelassene Haltung der Sehnsucht einmünden. Und die Sucht muss in die Dynamik und Kraft der Sehnsucht verwandelt werden. Nur so kann sie geheilt werden.

Vielleicht sind viele der Süchte, die wir heute beobachten, Ausdruck verdrängter Sehnsucht. Daher ist es höchste Zeit, und ein Zeichen von Realismus, sich wieder seiner eigenen Sehnsucht zu stellen. Nur wenn wir uns ihr stellen, sie anerkennen und in unser Leben integrieren, können wir frei werden von der Sucht, die uns im Griff hat.

Die Sehnsucht hält uns nicht fest. Sie weitet unser Herz und lässt uns frei atmen. Sie verleiht unserem Leben seine menschliche Würde.

# II.

## WIE WIR SIND.
## UND WIE WIR SEIN KÖNNTEN

# ZIGEUNER IM SESSEL

■ ■ ■

Anthony de Mello erzählt gerne Geschichten, die uns über unsere eigene Realität aufklären. Wir sind im Käfig der Gewohnheiten eingesperrt, sagt er einmal, wie jener Bär, der in seinem sechs Meter langen Käfig hin- und hergeht. Als die Gitterstäbe nach mehreren Jahren entfernt werden, geht der Bär weiter diese sechs Meter hin und her, her und hin. So als ob der Käfig noch da wäre. Für ihn *war* er da. Seine Sehnsucht war durch die lange Gefangenschaft abgestorben.

In anderen kurzen Erzählungen nimmt de Mello auch die Vorstellung von Sehnsucht auf den Arm. Er zeigt, wie klein sich die Sehnsucht nach dem Unendlichen manchmal gebärden kann:

„Nach dreißig Jahren gemeinsamen Fernsehens sagt ein Mann zu seiner Frau:

‚Lass uns heute Abend etwas wirklich Aufregendes unternehmen!‘

Sofort tauchen vor ihrem Auge Visionen von einer Nacht in der Stadt auf.

‚Phantastisch!‘ sagt sie. ‚Was wollen wir machen?‘

‚Wir könnten einmal die Sessel tauschen.‘“

Für den Mann bestand die ganze Sehnsucht nach etwas Aufregendem darin, – den Sessel zu tauschen. Offensichtlich kannte er keine größeren Sehnsüchte, keinen weiter ausgreifenden Drang. Das dreißig Jahre lange Fernsehen hat ihn so genügsam gemacht in seiner Sehnsucht, dass wir darüber unwillkürlich lachen müssen.

Aber stimmt es nicht wirklich? Auf welch kleines Maß hat sich heute die Sehnsucht vieler Menschen reduziert!

Humor ergibt sich aus der Spannung zwischen Idealität und Realität. Seine Funken sprühen, wenn die Welt, so wie sie sein könnte, mit der Wirklichkeit zusammenprallt, wie sie nun einmal ist.

Eine andere Geschichte de Mellos – ebenfalls mitten aus dem Leben erzählt. „Der Zigeuner", so nennt er sie:

„In einer kleinen Grenzstadt lebte ein alter Mann schon fünfzig Jahre in dem gleichen Haus. Eines Tages zog er zum Erstaunen seiner Umgebung in das Nachbarhaus um. Reporter der Lokalzeitung sprachen bei ihm vor, um nach dem Grund zu fragen: ‚Ich glaube, das ist der Zigeuner in mir', sagte er mit zufriedenem Lächeln."

Das muss man nicht mehr kommentieren. Das „sitzt": So treffsicher hat de Mello unsere klein gewordene, durch unsere Selbstzufriedenheit geschrumpfte Sehnsucht beschrieben.

Wir machen uns kleiner als wir sind.

Viel kleiner.

# DER VERLORENE STERN

Es gibt eine in der Nachkriegszeit viel gelesene Geschichte von Ernst Wiechert: „Der verlorene Stern". Sie erzählt von einem jungen deutschen Soldaten, der aus russischer Gefangenschaft nach Hause kommt, überglücklich, endlich daheim zu sein. Aber nach einigen Wochen spürt er, dass er sich nicht wirklich daheim fühlt. Er spricht mit seiner Großmutter darüber, und sie entdecken: Der Stern in diesem Haus ist verloren gegangen. Das Geheimnis wohnt nicht mehr in diesem Haus. Es wird nur noch an der Oberfläche gelebt. Man plant, baut, bessert aus, kümmert sich, dass das Leben funktioniert. Man unternimmt alles Mögliche und engt sein eigenes Leben dabei ein. Aber das Eigentliche ist verloren gegangen. Das Leben hat keine innere Ausrichtung und keine Weite mehr. Der Stern der Sehnsucht ist erloschen.

Dort, wo der Stern der Sehnsucht aus unserem Herzen gefallen ist, dort können wir uns auch nicht mehr zu Hause fühlen. Daheim sein kann man nur, wo das Geheimnis wohnt. Es geht nicht um ein fernes Ziel. Nicht um eine Orientierung an etwas Fremdem oder um eine Leistung, die zu erbringen wäre und die uns vor anderen wichtig macht. In uns selbst ist dieser Raum, in dem das Geheimnis wohnt. Es ist ein Raum der Stille. Dieser Raum ist frei von den lärmenden Gedanken, die uns sonst bestimmen, frei von den Erwartungen und Wünschen der Menschen um uns herum. Er ist auch frei von den quälenden Selbstvorwürfen, Selbstentwertungen, Selbstbeschuldigungen. In diesem Raum, in dem Gott selbst in uns wohnt, sind wir frei von der Macht der Menschen. Da kann uns niemand verletzen. Dort sind wir heil und ganz. Dort sind wir ganz wir selbst. Und dort, wo das Geheimnis in uns wohnt, können wir bei uns selbst daheim sein. Wer bei sich selbst daheim ist, der kann überall Heimat erfahren. Heimat entsteht um ihn herum. Wenn wir in der Stille immer nur auf uns selbst stoßen, auf unsere Probleme, auf unsere Defizite, auf unsere Verdrängungen, auf die Komplexe unserer Psyche, müssen wir ja irgendwann davonlaufen. Niemand kann es aushalten, nur mit sich selbst konfrontiert zu sein. So ist es verständlich, dass manche vor der eigenen Wahrheit flüchten. Doch wenn ich weiß, dass unter all diesen Verdrängungen und Verwundungen Gott selbst in mir wohnt, dann kann ich es bei mir aushalten, dann erfahre ich in mir einen Raum, in dem ich daheim sein kann, weil das Geheimnis selbst in mir lebt.

Dann kann ich auch am Himmel Maß nehmen.

# EIN FROSCH IM BRUNNEN

■ ■ ■

„Ein Frosch, der im Brunnen lebt, beurteilt das Ausmaß des Himmels nach dem Brunnenrand." So lautet ein mongolisches Sprichwort. Die Mongolen sind ein Volk, das die Weite der Steppe liebt. Ihre Beweglichkeit und ihr Drang nach Offenheit sind aus der Geschichte bekannt. Und diese Eigenschaften prägen noch heute die nomadisierenden Stämme. Das zitierte Sprichwort macht ihre Weisheit gegenüber jeglicher geistigen Enge deutlich.

Manchmal gleichen wir selbst dem Frosch, der das Ausmaß des Himmels nach dem Brunnenrand beurteilt. Wir sehen nur das Vordergründige. Der Frosch schwimmt im Wasser und blickt nur manchmal nach oben. So schwimmen wir in den vielen Aufgaben unseres Alltags. Ab und zu erheben wir unseren Blick und sehen den Himmel. Doch wir erkennen nicht seine unendliche Weite. Nur wer die Sehnsucht nach dem Unendlichen in sich trägt, kann die Unendlichkeit des Himmels wahrnehmen. Und darin liegt ein Paradox: Nur wer nach innen blickt, vermag richtig nach außen zu sehen. Nur wer in sich die Sehnsucht nach einer Welt trägt, die alles Diesseitige übersteigt, hat den rechten Blick für diese Welt. Sie ist nicht mehr alles für ihn. Die Sehnsucht korrigiert das, was er sieht, so dass alles sein rechtes Maß bekommt.

# DER GESCHMACK DES LEBENS

■ ■ ■

„Manche leben mit einer so erstaunlichen Routine, dass es schwer fällt zu glauben, sie lebten zum ersten Mal." Der polnische Autor Stanislaw Jerzy Lec, einer der scharfsichtigsten Kritiker unserer Zeit, hat damit etwas auf den Punkt gebracht: Lec meint damit nicht Reinkarnation, sondern den Eindruck, den diese Menschen im Alltag auf ihn machen. Nichts im Leben hat für sie das Geheimnis, den Reiz der Einmaligkeit: Sie sind jung, sie stehen in der Blüte ihres Lebens, sie reifen und werden alt. Und immer leben sie so, als hätten sie es schon tausendmal erlebt. Sie haben kein Gespür für das Neue, das jeder Tag mit sich bringt, für das Einmalige, das jedes Lebensalter in sich birgt. Sie tun so, als wüssten sie schon alles. Doch in Wirklichkeit wissen sie nichts. Wissen kommt von *vidi* (ich habe gesehen). Diese Menschen sehen nichts. Sie leben blind dahin. Ihr Leben spielt sich ab wie im Marionettentheater. Sie leben nicht selbst, sie *werden* gelebt. Sie werden von außen gesteuert und machen phantasielos die immer gleichen Bewegungen. Sie haben keine Träume, die ihrem Dasein Leben einhauchen.

Aber genau darum ginge es doch: Dass wir uns unserer Einmaligkeit bewusst *werden*. Dass wir die immer gleiche Routine durchbrechen und den Sinn für das Einzigartige des Lebens spüren. Dass wir spüren, was es bedeutet: Ich atme, also bin ich. Ich bin da. Ich schmecke den Geschmack des Lebens, jeden Tag aufs Neue. Kein Tag gleicht dem andern.

Jeder von uns ist einzigartig und einmalig. Gott hat sich von jedem Menschen ein Bild gemacht, das allein in diesem Menschen Wirklichkeit wird. Unsere Aufgabe im Leben ist es, dieses ursprüngliche Bild in uns sichtbar werden zu lassen.

# LANGEWEILE UND UNRUHE

■ ■ ■

Als ich kürzlich einen Vortrag über die Psychologie der Mönchs-
väter hielt und ausführte, was sie zum Phänomen der Akedia – was
mit Langeweile oder Überdruss übersetzt werden könnte – gesagt
haben, meinte eine Frau nachher zu mir, das passe genau auf ihren
Mann. Und sie schilderte sein Verhalten: Wenn es neblig ist, wird
er unausstehlich. Er wandert von einem Raum in den andern.
Während sie in der Küche arbeitet, liest er Zeitung. Doch auch dabei kann er es nicht aushalten. Er steht auf, setzt sich wieder hin, ist
von einer ständigen Unruhe getrieben. Doch er tut letztlich nichts.
Wenn sie ihn bittet, einen Handgriff im Haushalt zu machen, ist es
ihm zu viel. Er hat ständig Wünsche an sie und hält sie von der Arbeit ab. Er schimpft auf das Wetter, auf die Kirche, auf die Politik,
auf den Gemeinderat, auf den Nachbarn. Alles ist gegen ihn. Er hat
Widerwillen gegen alles. Aber er weiß nicht, was er will. Er ist über-
drüssig, verdrossen.

Das deutsche Wort „verdrießen" heißt im Mittelhochdeutschen: „Langeweile erregen". Es kommt von einer älteren Wurzel,
die „ermüden, beschwerlich fallen" bedeutet. Wer Langeweile hat,
ist ständig müde. Alles fällt ihm schwer.

Was diese alten Mönche Akedia nennen, ist aber mehr als Langeweile. Es ist die Lustlosigkeit, die Trägheit, die Unzufriedenheit,
der Überdruss, die Unfähigkeit, im Augenblick zu leben. Sie ist die
Folge frustrierter Begehrlichkeit und eine Mischung aus Traurigkeit
und Groll. Für Evagrius ist sie der gefährlichste Dämon, der nicht
nur einzelne Seelenteile bekämpft, sondern die ganze Seele lahm legen kann.

Evagrius, ein griechischer Mönch, den man als den Psychologen
unter den frühen Mönchen bezeichnen könnte, nennt den Dämon

der Akedia den Mittagsdämon, weil er um die Mittagszeit kommt. Um 15.00 Uhr gab es Essen. In der Zeit der größten Hitze und vor dem Essen ist das Leben offensichtlich besonders beschwerlich. Der Mönch spürt seinen Hunger und kann ihn nicht mehr aushalten. Deshalb muss er ständig Ausschau halten nach der Sonne, ob es nicht bald Zeit zum Essen ist.

Der Mittagsdämon ist aber auch ein Bild für die Krise der Lebensmitte. In der Lebensmitte erleben viele Menschen, dass sie sich selbst nicht mehr aushalten können. Sie fühlen sich in sich selbst zerrissen und ruhelos. In dieser Zerrissenheit können sie weder sich selbst aushalten noch die andern. Auf der einen Seite sehnen sie sich nach einem Menschen, damit sie nicht allein sind. Doch wenn dann einer kommt, geht er ihnen auf die Nerven. Und so steigern sie sich in das Urteil hinein, dass die Liebe zwischen den Menschen erstorben sei, dass es keinen mehr gäbe, der Zeit für sie hätte.

Für die frühen Mönche war der Umgang mit den Emotionen und Leidenschaften ein zentrales Thema ihres spirituellen Lebens. Die graue Erfahrung der Langeweile, das bleierne Gefühl des Überdrusses, die Schwere des Eingeengtseins auf sich selbst ist nichts, was erst in der Moderne auftaucht. Aber es gehört zu den Versuchungen des Menschseins bis heute.

# SCHMOLLWINKEL

■ ■ ■

In Gesprächen höre ich immer wieder die Klage darüber, dass Menschen sich allein fühlen, dass sie niemanden haben, der sie in den Arm nimmt, mit dem sie über ihre persönlichen Anliegen sprechen können. Es ist die Sehnsucht nach Nähe und Geborgenheit, die ich aus dieser Klage heraushöre. Ich versuche, diese Sehnsucht anzusprechen und den Gesprächspartner oder die Gesprächspartnerin zu fragen, was er oder sie sich von der Nähe eines anderen Menschen verspricht. Dann höre ich Worte wie: „Ich möchte einen Menschen, der einfach da ist, der es mit mir aushält, der mir beisteht, wenn es mir mal nicht so gut geht, der mich versteht, der mich nicht beurteilt, vor dem ich keine Angst haben muss. Es ist die Sehnsucht nach einem, der mich zärtlich streichelt, dem ich ungeschützt sagen kann, was gerade in mir ist." Ich frage dann oft zurück: „Können Sie sich selbst nahe sein? Können Sie selbst zärtlich zu sich sein? Können Sie sich selbst einfach wahrnehmen, ohne sich zu beurteilen oder zu verurteilen? Können Sie dem kleinen verletzten Kind in sich Geborgenheit schenken?" Und ich erlebe oft, dass die Menschen von anderen erwarten, was sie sich zuerst einmal selbst geben könnten. Je unfähiger aber ein Mensch ist, sich selbst nahe zu sein, desto größer ist in ihm die Sehnsucht nach Nähe und Geborgenheit. Wir können uns diese Sehnsucht nicht selbst erfüllen. Wir brauchen Menschen, die uns Geborgenheit schenken. Und wir brauchen Gottes heilende und liebende Nähe, in der wir uns geborgen wissen. Doch wenn wir nur und ausschließlich von anderen Menschen oder von Gott diese bergende Nähe ersehnen, werden wir sie nie erfahren. Wir müssen also etwas ganz Elementares lernen: Uns selbst nahe zu sein, es bei uns selbst auszuhalten, liebevoll mit uns umzugehen, damit wir auch die Nähe und Geborgenheit genießen können, die wir von anderen Menschen und von Gott erleben. Die Sehnsucht nach Geborgenheit darf uns nicht in die Passivität führen. Vielmehr soll sie uns in Bewegung bringen, damit wir uns selbst nahe kommen und uns für die Menschen öffnen, die schon in unserer Nähe sind. Wenn wir ihnen nahe kommen, werden wir auch ihre Nähe erfahren. Wenn wir uns nur allein gelassen fühlen und im Schmollwinkel unserer Einsamkeit sitzen bleiben, wird allerdings nie jemand in unsere Nähe gelangen.

# WUNSCHLOSES UNGLÜCK

■ ■ ■

Der österreichische Schriftsteller Peter Handke hat als junger Mann ein Buch geschrieben, das den Titel trägt „Wunschloses Unglück". Es ist ein gerade in seiner nüchternen Beschreibung beeindruckender Bericht über das Leben seiner Mutter. Die ist in engen katholischen Verhältnissen auf dem Land aufgewachsen und hat sich nach einer unglücklichen Ehe mit einundfünfzig Jahren das Leben durch eine Überdosis Schlaftabletten genommen. Ganz sachlich, und doch sehr bewegend beschreibt das schmale Buch das Leben dieser Frau. Sie hatte alle Illusionen verloren, ihre kleinen und großen Hoffnungen unterdrückt und war, da sie nicht mehr nach vorne schauen konnte, immer depressiver geworden. Das trostlose Milieu ihres Daseins ist von einem bleiernen Grau bestimmt: „Nicht das Nichtstun war süß, sondern das Arbeiten. Es blieb einem ohnehin nichts anderes übrig. Man hatte für nichts mehr Augen. Neugier war kein Wesensmerkmal, sondern eine weibliche oder weibische Unart." Es gab keinen Raum für Träume. Alles war nur grauer, trostloser Alltag. Man hatte sich an alles gewöhnt. Phantasielos, lustlos funktionierte man, um die Eintönigkeit zu bewältigen. Sogar den Kindern waren die Wünsche ausgetrieben. Es war – so erinnert sich der Sohn – lächerlich, ernsthaft Wünsche zu äußern. Selbst an Weihnachten brach nichts Neues in diese Welt ein: „Weihnachten: das, was ohnedies nötig war, wurde als Geschenk verpackt. Man überraschte einander mit dem Notwendigen, mit Unterwäsche, Strümpfen, Taschentüchern, und sagte, dass man sich gerade das auch gewünscht hätte." So fasst der Sohn die Beschreibung seiner Mutter in dieser Welt des traumlosen Pragmatismus zusammen mit den Worten: „Selten wunschlos und irgendwie glücklich, meistens wunschlos und ein bisschen unglücklich." Und im Rückblick bewundert der Sohn sogar seine Mutter für ihre Konsequenz, dass sie aus diesem trostlosen Leben einfach „weggegangen" ist.

Mit seiner Beschreibung trifft Peter Handke nicht nur das Wesen seiner Mutter, sondern das unausgesprochene Lebensgefühl vieler Menschen. Wir kennen im Deutschen den Ausdruck „wunschlos glücklich". Wenn einer ja sagen kann zu sich, so wie er ist, und zu seiner Lebenssituation, dann kann das durchaus eine Voraussetzung für inneres Glück sein. Aber nur der wird sich glücklich fühlen, der in sich einen inneren Reichtum findet, den Reichtum des Geistes.

Wer keinen Wunsch hat, weil er ohne Hoffnung ist, dass sich je etwas ändert, der wird leicht innerlich hart. Manche werden unter solcher Hoffnungslosigkeit zynisch, andere depressiv. Wer so wird, ist wunschlos unglücklich. Er hat keinen Frieden geschlossen mit seinem Leben. Er ist unzufrieden. Aber ihm bleibt nicht einmal mehr der Ausweg in den Traum von einem erfüllten Leben. Auch die Träume sind ihm abhanden gekommen. Er hat nichts mehr, bei dem er sich lebendig fühlen könnte. Alles ist leer geworden. Zähe Monotonie bestimmt und beschwert sein Lebensgefühl. Er hat nichts mehr, was er gegen die öde Welt der Pflichten und der Routine setzen könnte. Es bleibt ihm nicht einmal mehr die Möglichkeit, sich eine Gegenwelt zu schaffen, die Welt der eigenen Phantasie. Ja nicht einmal mehr Illusionen stehen ihm zur Verfügung, um der Enge seiner Welt zu entfliehen. Selbst die Sehnsucht nach einer anderen Welt ist ihm abhanden gekommen. Das Leben mündet in „wunschloses Unglück".

# EIN TIEFERER GRUND

■ ■ ■

Regelmäßig befragen die Meinungsforscher in unseren Gesellschaften die Menschen nach ihren Wünschen, um ihren tieferen Sehnsüchten auf die Spur zu kommen. Sehnsucht ist nichts Statisches, aber in aller Verschiedenheit doch etwas Konstantes. Die Umfragen dokumentieren tatsächlich, wie sich – mit anderen emotionalen Ausdrucksformen und Bedürfnislagen – auch die Sehnsüchte in den letzten Jahren verändert haben. Sie sind vom jeweiligen Zeitgefühl abhängig und haben je nach der politischen und gesellschaftlichen Situation eine andere Gestalt oder Zielrichtung: In einer Zeit apokalyptischer Kriegsgefahr sehnen sich die Menschen nach Frieden. Wer die Terrorakte im Fernsehen miterlebt, der sehnt sich nach Sicherheit und Schutz. In einer Zeit sich auflösender Identitäten spüren die Menschen ein tieferes Verlangen nach Heimat und Geborgenheit. In der Orientierungslosigkeit der pluralistischen Gesellschaft wächst die Sehnsucht nach Klarheit und Einfachheit. Auch der Fundamentalismus ist Ausdruck einer solchen in der menschlichen Seele tief verwurzelten Sehnsucht nach Sicherheit und Beständigkeit. Umgekehrt sehnen sich die Menschen, die in Diktaturen leben, nach Freiheit, Freizügigkeit und Weite.

Ein amerikanischer Journalist erzählt, wie in den USA immer mehr Menschen sehr viel Zeit und Energie dazu verwenden, ihren Stammbaum zu erforschen. Auch hierzulande werden die Hobby-Ahnenforscher immer zahlreicher.

Offensichtlich sehnen sich die Menschen danach, ihre eigenen Wurzeln zu entdecken, um sich ihrer Identität zu vergewissern und so der Geschichtslosigkeit zu entrinnen. Sie merken, dass es zu wenig ist, nur auf Anerkennung und Bestätigung bedacht zu sein. Davon kann man letztlich nicht leben. Sie sehnen sich nach einem tieferen Grund.

So viele Formen von Sehnsucht es gibt, so unterschiedlich sie sich in den Kulturen, den gesellschaftlichen Situationen oder Lebensverhältnissen darstellen, gemeinsam ist ihnen eines: Sehnsucht zielt auf etwas, das „hinter" den erfahrenen Realitäten steht.

# SCHLARAFFENLAND

■ ■ ■

Jemand hat zugespitzt gesagt, Werbung wecke in den Menschen das Bedürfnis nach Dingen, von deren Existenz sie vorher noch gar nichts gewusst hätten. Das funktioniert, indem man bestimmte Waren mit bestimmten Emotionen und Versprechungen „auflädt". Sehnsüchte werden dabei schamlos ausgenutzt. Da wird vor allem das Verlangen nach Glück angesprochen. Und es wird der Eindruck vermittelt, man könne sich das Glück kaufen. Der Trick dabei: Die Werbung verspricht ein schnelles Glück. Man kann es käuflich erwerben, hier und jetzt. Die Sehn-Sucht wird also kapitalisiert. Anstatt die Sucht in Sehnsucht zu verwandeln, geschieht das Umgekehrte. Denn das Ziel der Werbung ist – konsequent gedacht – die Kaufsucht, also ein seelischer Zustand, in dem Menschen immer und immer wieder durch Einsatz von Geld und durch Kauf von Waren versuchen, das Glück zu erwerben. Es ist auffällig: Oft spricht die Werbung eine religiöse Sprache. Da wird der Himmel auf Erden versprochen. Da wird eine Filmschauspielerin, die einen bestimmten Wagen fährt, zur „Göttin". Da soll der Kauf eines neuen CD-Players „himmlischen" Hörgenuss bescheren.

In einer solchen Bild-Sprache wird also eine archetypische Sehnsucht angesprochen. Die Werbeleute wissen: Wer an die tief im Unbewussten sitzende Sehnsucht des Menschen rührt, der vermag ihn zu verführen, der bekommt Macht über seine Seele.

Das einzige Heilmittel dagegen ist, dass wir unsere Sehnsüchte bewusst anschauen und uns fragen, was denn unsere tiefste Sehnsucht ist und wie sie erfüllt werden kann. Wenn die angesprochenen Sehnsüchte unbewusst sind, ist der Mensch leicht zu manipulieren. Wenn die Werbung dagegen auf einen Menschen stößt, der mit seiner Sehnsucht in Berührung ist, prallt sie von ihm ab. Denn er durchschaut ihre Manipulation und Verfälschung. Die Werbung zielt letztlich auf infantile Sehnsüchte. Es ist die Sehnsucht nach dem Schlaraffenland, die Sehnsucht, dass all meine Wünsche erfüllt werden. Pascal Bruckner hat die Haltung des Infantilismus als typisch für unsere Zeit ausgemacht. Infantil ist, wer meint, alles sei möglich und die Gesellschaft sei nur dazu da, seine kindlichen Wünsche zu befriedigen. Die Sehnsucht nach dem Schlaraffenland ist nicht reif und erwachsen. Die Sehnsucht des reifen Menschen überschreitet diese Welt und zielt auf eine Wirklichkeit, die letztlich allein die Sehnsucht zu erfüllen vermag.

# EIN UNSTILLBARER DURST

■ ■ ■

Trunksucht, Arbeitssucht, Eifersucht, Drogensucht, Kaufsucht, Fresssucht, Magersucht, Sexsucht, Habsucht, Spielsucht … Die Liste ließe sich fortsetzen. Was steckt dahinter? Dass Sucht mit Sehnsucht zu tun hat, erfahren wir, wenn wir unseren Süchten auf den Grund gehen. Wir suchen das Absolute und wollen es festhalten. Wir suchen das Glück und fallen in Zwänge. Wenn meine gehobene Stimmung vom Alkohol herrührt, war es das schon? War das alles und für immer? Es geht darum, unsere Süchte zu Ende zu denken: Wenn ich mir immer wieder neue Dinge zulege und mich in einen Kaufrausch stürze, bin ich dann wirklich zufrieden mit dem, was ich erworben habe? Kann ich je genug haben? Endgültig und für immer? Wenn ich mich nicht von meinem Schreibtisch trennen kann, welches Ziel verfolge ich eigentlich? Was drängt mich in den Zwang zur ständigen Wiederholung? Auch wenn ich alles anhäufe in unersättlicher Gier, auch wenn ich von einem Partner zum nächsten wechsle, immer aufs Neue: Inmitten all der Fülle bleibt die innere Leere bestehen, und die Sehnsucht wird sogar noch größer. Der Drang kann sich in unendlicher Wiederholung nicht befriedigen. Ist es das? Oder sehne ich mich nach mehr? Sehne ich mich nicht nach einer ganz anderen Wirklichkeit? Mein großes Ziel zerrinnt immer aufs Neue. Nichts Irdisches, kein Ding, kein Erfolg, kein geliebter Mensch kann unsere innere Unruhe beruhigen. „Spiritus contra spiritum" – „Geist gegen Weingeist", sagt der Tiefenpsychologe C. G. Jung. Nur die Offenheit für den Geist kann die Abhängigkeit überwinden. C. G. Jung schrieb über einen Patienten: „Seine Sucht nach Alkohol entspricht auf einer niedrigen Stufe dem geistigen Durst des Menschen nach Ganzheit, in mittelalterlicher Sprache: nach der Vereinigung mit Gott."

Und eine Frau, die selbst Alkoholikerin wurde, schrieb von ihrer Sehnsucht, die sie im Alkohol vergeblich zu erfüllen suchte: „So weit ich auf meine Kindheit zurückblicken kann, war ich immer auf der Suche nach etwas, das ich nicht benennen konnte. Was auch immer es sein mochte, es würde dafür sorgen, dass ich mich gut fühlte, dass ich zu Hause wäre, so, als ob ich dazugehörte. Wenn ich es finden würde, wäre ich nicht länger einsam. Ich würde wissen, wie es ist, geliebt und angenommen zu sein, und ich würde meinerseits auch Liebe geben können. Ich würde glücklich, erfüllt und in Frieden mit mir selbst, meinem Leben und der Welt sein. Ich würde mich frei, unbehindert, offen und voller Freude fühlen." Ihre Suche war letztlich eine spirituelle Suche. Aber sie hat ihre Sehnsucht zu schnell im Alkohol ertränkt. Nachdem sie von ihrer Krankheit genesen war, erkannte sie, dass ihr frei schwebendes Sehnen letztlich ein tiefes Dürsten nach Ganzheit war. Wir werden unsere Sucht nur überwinden, wenn wir sie wieder in Sehnsucht verwandeln.

# KLEINE FLUCHTEN

■ ■ ■

„Nichts wie weg!" – das ist eine heute durchaus verbreitete Haltung. Der amerikanische Schriftsteller Thornton Wilder trifft mit seinem Bonmot ins Schwarze: „Man spricht immer nur von Leuten, die in Häuser einbrechen wollen. Aber es gibt mehr Leute auf der Welt, die aus Häusern ausbrechen wollen." Das trifft offensichtlich die seelische Verfassung vieler Menschen, die heute unter der Enge ihres Alltags leiden und von dem panischen Gefühl ergriffen werden: „Nichts wie weg!" Sie wollen weg aus verkrusteten Verhältnissen, ausbrechen aus der Ehe, die sich totgelaufen hat. Sie sehnen sich danach, den vielen Pflichten zu entkommen, die nie weniger, sondern immer mehr werden und sich wie eine schwere Last auf sie legen. Man sollte das durchaus ernst nehmen: Da ist die allein erziehende Mutter, die sich kaum einmal frei nehmen kann, um eigene Bedürfnisse zu erfüllen. Da ist die Tochter, die ohne Anerkennung von außen ihre kranke Mutter pflegt. Da ist der Rechtsanwalt, der sich vornimmt, weniger zu arbeiten, den aber die äußeren Verhältnisse immer mehr in ein System von Überforderung pressen. Sie alle sehnen sich danach, ihrer Verantwortung zu entfliehen – auch wenn sie es letztlich nicht tun.

Doch was machen Menschen mit einer Sehnsucht, die sie nicht leben können? Ist eine Sehnsucht, die nicht erfüllt werden kann, nicht frustrierend? Immerhin kann man es auch so betrachten: Ihre Sehnsucht, die sie nicht verdrängen, sondern zulassen, entlastet sie auch. Man sollte sie als ehrlichen Ausdruck ihrer Befindlichkeit sehen: In der Sehnsucht klingt immerhin die Hoffnung an, irgendwann einmal doch ausbrechen zu können. Zumindest wächst die Phantasie, wie man kleine Ausbruchsversuche wagen könnte.

# FERNWEH

■ ■ ■

Sehnsucht nach Heimat und Geborgenheit ist eine tief verwurzelte Emotion. Es gibt aber auch das entgegengesetzte Gefühl. Es zielt auf das Neue, das Abenteuer. Die zahllosen Reisenden, die sich jedes Jahr auf den Weg in ferne Länder machen, sind im Grunde von einem tiefen Fernweh getrieben. Dieses Fernweh ist die Sehnsucht nach dem ganz Anderen, das sie erleben möchten. Sie möchten aussteigen aus dem gewohnten Trott. Sie möchten in der Ferne das unverfälschte Leben in seiner Ursprünglichkeit spüren. Sie machen sich auf den Weg, auf überfüllten Autobahnen, in Flugzeugen, und suchen das Paradies in weiten Fernen und exotischen Ländern.

Ein kluger Mensch hat festgestellt: Fernweh und Heimweh liegen oft eng zusammen: „Fernweh erledigt sich nicht damit, dass man ein Schiff besteigt; oft ist es sogar nichts anderes als eine Form von Heimweh – die Sehnsucht nach dem Unbekannten oder noch nicht Entdeckten in uns selbst" (John Cheever). Viele suchen in der Ferne die Heimat, die sie dort, wo sie wohnen, verloren haben. Doch letztlich sind sie auf der Reise nach sich selbst. In der Ferne suchen sie das, was eigentlich so nahe ist: das Geheimnis ihres eigenen Herzens, den inneren Raum, in dem sie wahrhaft zu Hause sein dürfen.

# AUSBRUCHSVERSUCHE

■ ■ ■

In den Sommermonaten meldet der Verkehrsfunk an den Wochenenden regelmäßig kilometerlange Staus. Manchmal erreichen sie eine Länge von 60 Kilometern. Alle Welt scheint dem Alltag entfliehen zu wollen, um sich in südlicheren Gefilden zu erholen.

Wonach sehnen sich die Massen, die der Tourismus jährlich in Bewegung setzt? Ist es nur die Erholung vom Alltag? Will man der Kälte entfliehen und die milde Sonne im Süden genießen? Oder möchte man sich in einem anderen Land auch anders fühlen als in der Enge der eigenen Alltagswelt? Es sind tief sitzende Sehnsüchte, die die Menschen zur Reise bewegen.

Ernst Bloch spricht von der Lust des Reisens, die den Menschen lebendig hält und ihn immer neu antreibt: „Neu zu begehren, dazu verhilft die Lust der Reise." Die großen Epen der Menschheitsgeschichte erzählen davon. Die Fahrten des Jason und des Odysseus sind Teil unserer Kultur. Noch die Romantik war von der Sehnsucht nach dem fernen Ziel, nach Wandern und Reisen getrieben. In Gedichten und Romanen hat das zeitlose Gestalt gewonnen. Doch heute, da durch die Massenmedien die ganze Welt in unsere Wohnzimmer gelangt, da es im Zeitalter des Massentourismus kaum mehr unerreichbare Ziele gibt, hat sich diese Sehnsucht verschoben. Viele Touristen reisen in typische Touristenhochburgen, in denen sie wieder nur der eigenen Welt begegnen: dem heimischen Bier, den eigenen Essgewohnheiten und dem gewohnten Komfort mit deutschen Fernsehprogrammen. Auch wenn sie noch so weit weg fahren, sie sind unfähig, sich auf das Fremde und Unbekannte einzulassen. Sie suchen nicht das Fremde, sondern das

Vertraute. Selbst beim exotischen „Abenteuerurlaub" simulieren sie das Abenteuer eigentlich nur.

Andere dagegen machen sich heute immer noch auf den Weg, getrieben von Fernweh. Sie spüren etwas von der urmenschlichen, romantischen Sehnsucht nach dem Neuen und Unbekannten. Sie ahnen etwas davon, dass dort in der unbekannten Fremde etwas Neues in ihnen selbst aufbrechen könnte, dass sie sich selbst auf neue Weise erleben dürfen. Es ist die Sehnsucht nach dem Aufbrechen des Gewohnten, nach Verwandlung in eine neue Gestalt, nach Weite, nach neuen Möglichkeiten.

Doch was machen die vielen Reisenden, wenn ihre Sehnsucht nach dem neuen Lebensgefühl im Urlaub nicht erfüllt wird? Wenn sich das Ehepaar ständig streitet, weil es unterschiedliche Erwartungen an den Urlaub hat? Wenn das Hotel nicht hält, was der Prospekt versprach?

Ich erlebe zwei Reaktionen: Die einen kehren zurück in den Alltag, voller Enttäuschung und Groll. Sie haben sich nicht erholt. Ihr Versuch, der tristen Welt ihres Alltags zu entfliehen, ist missglückt. So suchen sie ihr wunschloses Unglück weiter im trostlosen Trott des Alltags. Die anderen versuchen, ihren Urlaub in den schönsten Farben zu schildern. Sie zeigen ihren Freunden Bilder oder Videofilme von ihrem Urlaub, um von anderen bewundert zu werden für das, was sie gewagt und erlebt haben. Sie müssen die Durchschnittlichkeit ihres Urlaubs überspielen, indem sie alles als etwas Besonderes und Außergewöhnliches darstellen. Das Faszinierende, das sie nie erlebt haben, versuchen sie, ihren Zuhörern zu vermitteln. Nicht immer gelingt es.

Es gibt auch Enttäuschungen, wenn Menschen in ihren Vorstellungsräumen eingesperrt bleiben. Ich habe Soldaten getroffen, die in Bosnien stationiert waren. Sie wollten ihren Ehefrauen und ihren Freunden daheim ihre Abenteuer erzählen. Doch niemand interessierte sich dafür. Eine Studentin, die ein Jahr lang in Peru war, um dort ihr soziales Jahr in den Dienst behinderter Kinder zu stellen, machte die bittere Erfahrung, dass niemand sich für ihre oftmals auch schmerzlichen Erfahrungen interessierte.

In einer Welt, in der man sich nicht mehr verunsichern und herausfordern lassen möchte, auch nicht durch die Erfahrungen anderer, in einer Welt, in der nur noch interessiert, wie das Wetter ist und was man gerade zu einem günstigen Preis neu erworben hat, da wächst nicht die Lust am Neuen und am Anderen. Da wachsen die Einsamkeit und die Langeweile. Da erreichen wir das Ziel unserer Sehnsucht nie.

# KINDERSEHNSÜCHTE

■ ■ ■

Sehnsucht nach der Kindheit – das sollte man nicht nur negativ sehen. „Das Syndrom starker Persönlichkeiten ist, dass sie die Sehnsüchte ihres kleinen Kindes, das in ihnen steckt, nicht zulassen." Was die kanadische Publizistin Lise Bourbeau konstatiert, wird von der Psychologie und der normalen Lebenserfahrung bestätigt: Starke Persönlichkeiten, Menschen, die nach außen hin selbstsicher wirken, die es in der Wirtschaft oder Politik zu etwas gebracht haben, sind in der Tat nicht immer die reifsten Menschen. Und oft genug haben sie die Sehnsüchte des kleinen Kindes, das in ihnen steckt, nicht zugelassen. Nach außen hin erscheinen sie stark, reif, intelligent, ausgeglichen. Doch sie verbergen ihre Schattenseiten. Ihr Problem: Sie haben das innere Kind mit seiner Sehnsucht verdrängt. Dadurch aber fehlt es ihnen an Ursprünglichkeit, an Kreativität, an Lebendigkeit, an Zartheit, an Verständnis für das authentische Bild Gottes in ihnen, an das sie das innere Kind erinnern möchte. Sehnsucht ist für sie etwas Kindisches, etwas, das man als Erwachsener abstreifen muss. Aber diese Haltung macht sie hart und unnahbar. Ihr Krankheitssyndrom wirkt wie ein Aussatz. Man möchte nie länger in der Nähe solcher Menschen sein. Von ihnen geht etwas aus, das einen wegdrängt und abstößt. Man fühlt sich nicht zu Hause bei diesen Menschen.

# INFANTIL ODER REIF?

■ ■ ■

Wenn man die Menschen fragte, wonach sie sich sehnen, so würden viele antworten: nach Heimat und Geborgenheit, nach Liebe und Zärtlichkeit, nach Frieden und Harmonie, nach Reinheit und Klarheit – und nach der Zeit der heilen Welt der Kindheit. Letztlich zeigt sich in all diesen Sehnsüchten nichts weniger als die Sehnsucht nach dem Paradies. Für den Psychoanalytiker Sigmund Freud ist diese Sehnsucht nach dem Paradies nur eine Form infantiler Regression: die Sehnsucht nach dem Mutterschoß. Die Psychoanalyse meint, der Mensch werde nur reif, wenn er seine Sehnsüchte loslasse. Das kann so nicht stimmen. Natürlich gibt es kindische Träume. Und natürlich sollte man das Paradies nicht mit dem Schlaraffenland verwechseln, in dem man für immer ausgesorgt hat. Doch eine derart rigide Haltung, die Freud als Kriterium für Reife annimmt, ist für mich wenig anziehend. Ist wirklich nur der Mensch reif, der sich ohne Hoffnung und ohne Sehnsucht mit dem Leben zufrieden gibt, so wie es ist? Gibt es keinen Himmel über uns? Ist alles nur Projektion? Wer so lebt, für den bekommt das Leben eine Erdenschwere, die den Geschmack der Resignation atmet.

Natürlich gibt es auch eine Sehnsucht, in die der Mensch flüchtet, um der Realität auszuweichen. Aber für mich hält die Sehnsucht den Menschen auch lebendig. Ob es eine lebendig machende oder eine verdrängende Sehnsucht ist, spürt man an der Auswirkung auf den Einzelnen und auf die Gesellschaft.

Das Doppelgesicht dieser Emotion macht sich nicht nur beim Einzelnen bemerkbar, sondern auch in der Gesellschaft. Die Meinungsforscherin Elisabeth Noelle-Neumann meinte einmal: „Die Sehnsucht nach Geborgenheit ist eine ständige Gefahr für die Demokratie." Damit spricht sie in einem durchaus ernst zu nehmenden Sinn die Sehnsucht nach einer infantilen Geborgenheit an, die man sich vom Staat als einem großen „Über-Ich" erhofft. Der demokratische Staat kann diese Geborgenheit aber nie schenken. Daher überfordern die Menschen den Staat, wenn sie ihre Sehnsucht nach Geborgenheit auf ihn richten. Wenn sie aber ihre Sehnsucht nach Heimat verdrängen, dann wird das Klima in der Gesellschaft kalt und unmenschlich.

Es gehört zur Natur des Menschen, dass er sich nach Heimat sehnt. Auch die rast- und ruhelose Generation, die in neunzig Sekunden im Internet um die Welt surft, ist „auf der Suche nach Sinn, Halt und Geborgenheit", bestätigt der Freizeitforscher Horst Opaschowski: Worum es also immer wieder geht, ist die Fähigkeit zur Unterscheidung zwischen Gefühlen, die unsere Lebendigkeit ausmachen, und unreifen Träumen, die infantil und gefährlich sind.

# VERGANGENHEIT UND HEIMWEH

■ ■ ■

Der Schriftsteller Arnold Stadler hat einen Roman veröffentlicht, von dem er sagt, dieses Buch sei an seiner „Sehnsucht entlang geschrieben wie an einer Hundeleine". Das Buch trägt auch den Titel: „Sehnsucht". Sehnsucht hat in der Tat nichts gezielt Geplantes, sondern zieht einen hierhin und dorthin, einmal in die Vergangenheit, einmal in die Zukunft. Stadler erzählt von der Kindheit, erinnert sich an das Suchen der Pubertät, die ersten Erfahrungen mit Sexualiät und andere Erfahrungen „des ersten Mal", aber er spricht eigentlich immer wieder vom Zauber einer verlorenen Zeit, einer Möglichkeit, die es nicht mehr gibt. „Die Zukunft war damals meine Sehnsucht, so wie heute die Vergangenheit mein Heimweh ist." Der Erzähler konstatiert und beschreibt die Verluste, die die Zeit und der angebliche Fortschritt mit sich brachten. Dieses Gefühl gipfelt für ihn auch in der Beobachtung, dass sich inzwischen viele Worte und auch viele Werte aufgelöst haben. Die Geschichte, die er erzählt, so sagt er, sei in einer Zeit auf die Welt gekommen, „in der die Hoffnung vom Spaß abgelöst worden war, und das Verlangen vom Wellness-Bereich, der Mensch vom Verbraucher, die Sehnsucht vom fit for fun, die Existenz vom Schöner Wohnen – aber nicht bei mir." Er sei sich und seiner Sehnsucht treu geblieben – seinem „Verlangen, dass dies, was ich hatte und sah, nicht alles sein konnte".

Heute sind in der Tat für nahezu jeden in der Konsumgesellschaft Genussmittel immer und überall verfügbar. Der selbstverständliche Anspruch auf Befriedigung all unserer Wünsche ist Bestandteil unserer Wirtschaft. Aber auch in unserer Konsumgesellschaft, so Stadler, lasse sich die Sehnsucht nicht totschlagen. Ein Ort, wohin sich die Sehnsucht heute verzogen habe, seien die Kontaktanzeigen. Sie seien voller Sehnsucht nach Liebe, nach Anerkanntwerden, nach Gesehenwerden. Noch in der übersteigerten und komischen Selbstanpreisung – in der „Sehnsucht nach dem Rundum-Schätzchen, nach dem ganzen Paket, nach dem all-inclusive" – sieht der Erzähler dieses Romans die Sehnsucht nach Liebe und Geborgenheit. Arnold Stadler verklärt seine Figuren nicht, sondern zeigt sie auch mit ihren komischen und traurigen Seiten. Er, der Theologie studiert hat, hat einmal gesagt, dass er sich auch als Dichter theologisch verhalte: Denn er gehe barmherzig mit den Figuren seiner Romane um.

Wer barmherzig ist, muss nichts verurteilen. Aber auch nichts verklären. Weder die abhanden gekommene noch die fehlgeleitete Sehnsucht.

# HEIMATSUCHE

■ ■ ■

Wo finden wir Heimat? Und wann suchen wir sie? Die Erfahrung zeigt: Heimatgefühle tauchen am intensivsten dann auf, wenn man sich aus der Heimat entfernt hat. „Wenn man anfängt, über Heimat nachzudenken, ist man innerlich schon weit weg", das hat der Filmregisseur Edgar Reitz gesagt, der eine berühmt gewordene Filmserie über den Hunsrück gedreht hat – über Land und Leute, deren „kleine Welt" er als junger Mensch schon in Richtung Großstadt verlassen hat. In diesem Filmepos wurde Heimat als der Ort ins Bild gesetzt, woher man kommt, den man hinter sich gelassen hat, an den man aber auch wieder zurückkehren mag. Sein Film war eine Ehrenrettung des Begriffs Heimat, ein Wort, das für viele lange Zeit einen Blut-und-Boden-Beigeschmack hatte.

Der Popsänger Herbert Grönemeyer versteht die Heimat dagegen nicht mehr als einen bestimmten geographischen Ort. In einem seiner Lieder singt er: „Heimat ist kein Ort, Heimat ist ein Gefühl." Es ist das Gefühl, ganz und gar angenommen zu sein, zu Hause zu sein, sich ausruhen zu können, sein zu dürfen, wie man ist.

„Heimat sind die Menschen, die wir verstehen und die uns verstehen." So hat es der Schweizer Schriftsteller Max Frisch erfahren. Heimat ist dort, wo ich die Menschen finde, die ich verstehe und von denen ich mich verstanden fühle.

Heimat hat immer etwas mit den Erfahrungen der Kindheit zu tun. Dort musste man nichts leisten. Dort war man einfach willkommen. Viele sehnen sich nach der Heimat zurück, die sie als Kind erlebt haben. Doch wenn sie die Stadt ihrer Kindheit besuchen, merken sie bald, dass sie nicht mehr ihre Heimat ist. Auch das Elternhaus bietet ihnen oft nicht mehr eine Heimat.

„Daheim sein kann man nur, wo das Geheimnis wohnt." Nur wenn ich mit dem Geheimnis in Berührung komme, das meine Kindheit geprägt hat, werde ich mich daheim fühlen. Geheim ist ursprünglich das, was zum Zuhause gehört, was mir vertraut ist. Daheim sein braucht das Geheimnisvolle, das mir nicht nur vertraut ist, sondern das mich umgibt wie etwas, das ich nicht benennen kann, das mich aber in einen Bereich führt, der meiner Seele vertraut ist, in dem meine Seele weit wird.

Die Heimat ist aber nicht nur der Ort, an dem wir unsere Kindheit verlebt haben. Sie weist auch in die Zukunft, auf die Heimat, die uns erwartet. Letztlich gilt, was Paulus den Philippern schreibt: „Unsere Heimat ist im Himmel" (Philipperbrief 3, 20). Diese Einsicht umgreift das ganze Leben. Der Schriftsteller Heinrich Jung-Stilling sieht einen engen Zusammenhang zwischen der Heimat, aus der wir kommen, und derjenigen, auf die wir zugehen: „Die beiden schönsten Dinge sind die Heimat, aus der wir stammen, und die Heimat, nach der wir wandern." Für denjenigen, der sogar die Sehnsucht verloren hat, weiß Hermann Hesse in der Heimat Trost: „Auch der Träume Quelle ist versiegt. Doch vertrau! Am Ende deines Weges wird Heimat sein." Die Sehnsucht nach Heimat ist nicht rückwärts gewandt, sie hält uns auf unserem Weg lebendig. Der Weg führt uns oft in die Fremde, in unbekanntes Land, wo wir uns bewähren müssen. In der Fremde sehnen wir uns nach Heimat. Wir wissen, dass wir nicht immer in der Heimat bleiben dürfen. Sonst werden wir zu Stubenhockern, denen die Weite des Lebens fehlt. Nur wer sich in die Fremde wagt, bekommt ein Gespür für die Heimat. Er sehnt sich zurück nach der Heimat, die er verloren hat. Doch seine Aufgabe besteht darin, mitten in der Fremde Heimat zu stiften, einen Raum zu schaffen, in dem Menschen sich zu Hause fühlen. Wo Liebe ist, dort entsteht Heimat.

# UNZUFRIEDENHEIT UND UNRUHE

■ ■ ■

Schlechte Laune als Ausdruck der tiefen Unzufriedenheit mit sich und seinem Leben führt zur ständigen Unruhe und zum Herumvagabundieren. Man wandert nicht, um unterwegs zu sein, sondern man geht ziellos herum. Man nimmt den Weg gar nicht wahr. Man läuft einfach nur vor sich selbst davon. Sowohl der Geist als auch der Leib ist instabil. Er hat keine Mitte. Er kann nicht stehen bleiben, keinen Stand finden. Es ist eine innere Haltlosigkeit. Man hat keinen Grund, in dem man ausruhen kann. Es ist eine krankhafte Unruhe. Sie ist oft Anzeichen für eine Depression.

Die Instabilität der Seele drückt sich im ständigen Gerede und in der Neugier aus. Das Gerede ist der Tod des Gespräches. In vielen Talkshows können wir das Gerede in Reinkultur erleben. Man redet viel. Aber es entwickelt sich kein Gespräch. Denn man hört nicht zu. Ständig wechselt man das Thema. Man lässt sich nicht auf den andern ein. Er wird nur dazu benutzt, damit man das loswird, womit man glänzen kann. Das Gespräch kreist um Belangloses. Der Psychologe Wucherer-Huldenfeld nennt diese Tendenz „einen tiefgreifenden Sprachverfall". Der Mensch „erfährt sein Inneres als leer, dumpf und stumm; er hat nichts Wesentliches zu sagen und verbirgt diesen Zustand durch immer lauter werdendes Gerede. Das Gerede erweckt den Anschein, über alles Bescheid zu wissen, sowie höchster Interessiertheit und ist doch bodenlos."

Martin Heidegger hat in seinem berühmten Werk „Sein und Zeit" im Jahre 1927 in treffender Weise die Neugier beschrieben. Er kennzeichnet sie als „ein spezifisches Unverweilen beim Nächsten", als „zerstreute Aufenthaltslosigkeit". Die Neugier sucht „das Neue nur, um von ihm erneut zu Neuem abzuspringen. Nicht um zu erfassen und um wissend in der Wahrheit zu sein, geht es", sondern darum, von einem zum andern zu hüpfen. Aber eigentlich ist alles gleichgültig. Nichts geht einen wirklich an. Das deutsche Wort spricht von einer Gier. Man ist gierig, immer etwas Neues zu erfahren, – um der eigenen Wahrheit auszuweichen.

# DAS LEIDEN DES TANTALUS

■ ■ ■

„Der Mensch in der Revolte", so heißt ein Buch des französischen Existenzphilosophen und Dichters Albert Camus. Hier schreibt er von einem seltsamen Leiden vieler Menschen. Es besteht darin, dass sie diese Welt nicht genug besitzen. Camus bezeichnet diese Menschen als „sonderbare Weltbürger, Verbannte in ihrer eigenen Heimat. Außer in strahlenden Momenten der Fülle ist jede Wirklichkeit für sie unvollendet. Ihre Handlungen verlieren sich für sie in andere Handlungen, kehren mit unerwartetem Anblick zurück, um sie zu richten, fliehen wie das Wasser des Tantalus einer noch unbekannten Einmündung zu. Die Mündung zu kennen, den Lauf des Stroms zu beherrschen, das Leben als Schicksal in die Hand zu bekommen, das ist ihre wahre Sehnsucht." Der Mensch möchte die Schönheit dieser Welt in Fülle erleben. Er möchte die Schätze dieser Welt mit beiden Händen greifen. Aber sobald er greift, erfährt er, dass die Welt zurückweicht. Camus bezieht sich auf die griechische Sage des Tantalus, der in einem Bach voll frischen Wassers stand. Sobald er sich bückte, um das Wasser zu trinken, wich es zurück. Über ihm hingen köstliche Früchte an Zweigen, die fast sein Gesicht berührten. Doch sobald er danach griff, entzogen sich ihm die Früchte. Er ging leer aus.

So erleben viele Menschen diese Welt. Sie wollen die Lust des Daseins genießen. Doch sobald sie danach greifen, weicht sie zurück. So sehnt sich der Mensch danach, den Lauf des Baches zu beherrschen, damit er dann trinken kann, wenn er möchte, um seinen tiefsten Durst zu stillen. Und er sehnt sich danach, sein Leben in die Hand zu bekommen. Doch diese Sehnsucht – so meint Camus – wird nie erfüllt. Nur im flüchtigen Moment des Todes erfüllt sie sich für einen Augenblick: „Dort vollendet sich alles. Um einmal auf der Welt zu sein, muss man für immer das Sein aufgeben." Was der atheistische Philosoph Albert Camus hier erkannt hat, hat Jesus zweitausend Jahre vorher gesagt. Aber Jesus vertröstet uns nicht darauf, dass unsere Sehnsucht erst dann erfüllt wird, wenn wir sterben. Für Jesus sind wir schon jetzt der Welt gestorben. Wenn wir an ihn glauben, sind wir jetzt schon „aus dem Tod ins Leben hinübergegangen" (Johannesevangelium 5,24). Wenn wir unsere Identifikation mit der Welt aufgeben – und das meint: der Welt zu sterben –, dann können wir jetzt schon etwas von der Fülle erahnen, nach der wir uns sehnen. Aber wir können diese Fülle nicht festhalten. Sie ist da im Augenblick, in dem wir uns ganz vergessen, in dem wir uns ganz einlassen auf das, was sich uns darbietet. Dieses Sich-Einlassen ohne Nebenabsichten meint Jesus mit „Sterben".

Nur wer sich in dieses Sterben einübt, wird immer wieder Augenblicke erleben, in denen seine Sehnsucht erfüllt wird – jetzt schon. Aber sie wird nicht endgültig erfüllt. Diese vorläufige Erfüllung weckt in uns vielmehr die Sehnsucht auf die Endgültigkeit, die kommen wird, wenn wir uns für immer in Gottes Hände fallen lassen und nicht mehr an uns selbst festhalten.

# VERLERNTE WÜNSCHE

■ ■ ■

Auch mit unserem Lebensalter, und nicht nur mit den veränderten politischen und gesellschaftlichen Verhältnissen, wandeln sich unsere Sehnsüchte. Ernst Bloch, der wie wenige andere dieses Thema durchdacht hat, hat sich auch mit der Sehnsucht alter Menschen befasst und eine ganz bestimme Form beschrieben: „Ein letzter Wunsch geht durch alle Wünsche des Alters hindurch, ein oft nicht unbedenklicher, der nach Ruhe." Es ist tatsächlich oft nicht die innere Ruhe, das Im-Einklang-Sein mit sich selbst, wonach sich alte Menschen sehnen, sondern Ruhe als Bequemlichkeit. Man will sich nicht stören lassen. Deshalb wagt man nichts Neues mehr. Das gilt im Kleinen wie im Großen. Alte Menschen möchten nicht mehr in einem fremden Bett übernachten. Sie brauchen das Vertraute. Die Wünsche der Jugend hat man aufgegeben. Damals wurden sie nicht erfüllt. Jetzt könnte man sich manche Wunscherfüllung finanziell leisten. Doch, so Bloch: „Der Hunger danach ist grau geworden." „Wenn man selbst den Hunger nach den Wünschen verlernt hat, dann gilt nur noch das, was ist. Aber auch mit dem Gewohnten ist man oft nicht zufrieden. Man richtet sich lieber in dem Alten ein, mit dem man unzufrieden ist, als sich auf Neues einzulassen. Es könnte ja noch schlimmer kommen. Es macht den unzufriedenen Alten nur noch mürrischer, sich mit Neuem auseinander setzen zu müssen.

Doch es gibt auch den weisen Alten. Bei ihm haben sich die Sehnsüchte gewandelt. Er sehnt sich nach Stille, nach einer inneren Ruhe, in der er offen wird für das Geheimnis des Seins. C. G. Jung schrieb einem Bittsteller, der unbedingt mit ihm reden wollte, dass sein Mitteilungsbedürfnis von Tag zu Tag schwinde: „Das Reden wird mir öfters zur Qual, und ich brauche oft ein mehrtägiges Schweigen, um mich von der Futilität der Wörter zu erholen. Ich bin auf dem Abmarsch begriffen und schaue nur zurück, wenn es nicht anders zu machen ist. Diese Abreise ist an sich schon ein großes Abenteuer, aber keines, über das man ausführlich reden möchte." In diesen Worten wird deutlich: C. G. Jung lehnt das Gespräch nicht aus Angst vor dem Neuen ab, sondern weil er sich nach etwas anderem sehnt: dem Geheimnis des Lebens nachzuspüren, das ihm gerade jetzt, da er seinem Sterben nahe ist, von neuem aufgeht. Er sehnt sich danach, im Schweigen offen zu werden für den Gott, der ihm seine tiefste Sehnsucht stillt.

# ZWISCHEN GIER UND FREIHEIT

■ ■ ■

Geld verbindet sich für viele mit der Sehnsucht nach Freiheit, nach der Möglichkeit, über Dinge verfügen zu können, Einfluss zu haben. Es scheint das effektivste Mittel, um diese Ziele zu erreichen. Wer Geld hat, kann sich etwas leisten, der „ist wer". Das wünschen sich viele Menschen. Geldgier – also die Fixierung auf dieses Mittel – ist die Suchtvariante dieses Wunsches. Wer nur auf das Geld schaut und nur für den eigenen Reichtum lebt, wird letztlich unfrei und grenzt sich ab – und sei es hinter den Mauern seines Vermögens. Es gibt ja das Bonmot: Geld ist ein Metall, das gut leitet, das aber auch gut isoliert.

Oft genug wird das Mittel mit dem Ziel verwechselt. „Geld ist ein guter Diener und ein schlechter Herr", heißt es im Volksmund. Oft genug spielt sich das Geld zum Herrn auf. Man sollte sich also immer fragen: Bringt Geld denn diese vielfältigen Lebensmöglichkeiten tatsächlich, bringt es wirklich Freiheit – oder führt es nicht gerade in Abhängigkeit und Unfreiheit? Dass Geld nicht notwendigerweise glücklich macht, ist eine Lebensweisheit. Untersuchungen haben ergeben, dass Menschen in ärmeren Ländern sich in der Regel subjektiv glücklicher fühlen als Menschen in reichen Ländern. Und für Deutschland zeigen Langzeit-Umfragen: Zwar ist in den vergangenen Jahrzehnten der Wohlstand deutlich gestiegen, nicht aber die Zufriedenheit der Menschen. Letztlich bleibt es also immerhin die Frage, ob wir Geld als Mittel zu etwas anderem begreifen. Und wie wir mit diesem Mittel umgehen.

Als Cellerar, d. h. als Verwalter und ökonomisch Verantwortlicher einer Benediktinerabtei, muss ich täglich mit Geld umgehen. Ich bin gezwungen, Phantasie und Kreativität im Umgang mit dem Geld zu entwickeln – zunächst einmal um es zu haben. Und dann,

52

um es richtig einsetzen zu können. Denn ich habe oft die Erfahrung gemacht, dass gar kein Geld vorhanden war, um die Projekte zu finanzieren, die ich für wichtig erachtete. Phantasie entwickeln heißt in diesem Zusammenhang für mich zum einen, durch eine Produktion, die auf die heutigen Bedürfnisse eingeht, Geld zu verdienen. Zum andern aber heißt es: die Instrumente heutiger Geldwirtschaft zu nutzen, also Geld durch Denken zu verdienen. Die wichtigste Aufgabe des Geldes ist, Menschen zu dienen. Ich verdiene nicht Geld, um reich zu werden. Geld soll dem Menschen dienen – und nicht umgekehrt. Bei manchen Firmen werden die Menschen unter Druck gesetzt und ausgepresst, damit sie möglichst viel Geld erwirtschaften. Das ist für mich eine Perversion des Geldes. Wer phantasievoll mit Geld umgeht, kann damit auch einmal eine Durststrecke in der Firma ausgleichen, ohne sofort die Hälfte der Mitarbeiter zu entlassen und sie erst bei besserer Konjunkturlage wieder einzustellen.

Ich darf mich nicht über das Geld definieren. Ich darf nicht habgierig werden. Wesentlich ist die innere Freiheit. Geld kann auch eine Eigendynamik entwickeln, die zur Folge hat, dass man immer mehr Geld verdienen muss. Wenn ich von Freiheit spreche, heißt das zunächst einmal innere Freiheit: Ich gehe mit Geld um, aber ich denke nicht ständig darüber nach. Ich kann das Geld lassen. Ich kann zwar auch Geld verlieren. Es darf mich aber innerlich nicht bestimmen. Für mich persönlich ist es immer ein wichtiges Kriterium, ob ich auch bei der Meditation ans Geld denke. Ich weiß dann, dass ich mich innerlich vom Geld distanzieren muss. Der heilige Benedikt fordert vom Cellerar vor allem das rechte Maß. Er soll nicht geizig sein, aber auch nicht verschwenderisch. Das heißt: Ich darf nicht alles, was ich kann. Ich muss mir selbst gerade beim Geld Grenzen setzen. Wenn ich immer mehr wachsen möchte, dann verliere ich irgendwann einmal das Maß. Und damit auch die Freiheit. Das gilt selbstverständlich nicht nur für einen Cellerar.

# I CAN'T GET NO SATISFACTION

■ ■ ■

„I can't get no satisfaction, I can't get no satisfaction / 'Cause I try and I try and I try and I try I can't get no, I can't get no / When I'm drivin' in my car, and the man come on the radio / He's tellin' me more and more about some useless information / Supposed to fire my imagination …"

So fängt ein Hit der Rockband „Rolling Stones" an, der weltberühmt wurde. Er war Ausdruck einer unbändigen und unentwegten Sehnsucht nach Leben, ja einer Gier nach Authentizität und Erfüllung. Die „Rolling Stones" gelten nicht gerade als fromm. Aber in diesem Song drücken sie etwas Wesentliches aus.

Was das Lied bei Millionen Menschen zum Schwingen gebracht hat, ist wohl die Erfahrung, dass nichts wirklich zufrieden stellen kann, weder die Versprechungen um uns noch die Jagd nach Erfolg, nach Beziehungen, nach Geld oder Applaus. All das kann man wahrnehmen und sich darüber freuen. Aber leben kann man davon nicht. Es erfüllt unsere Sehnsucht nicht. Wer meint, er könne vom Erfolg und Applaus leben und nur diese Befriedigung sucht, der wird süchtig danach und verliert damit seine innere Freiheit.

Bill Wyman, der Bassist der „Rolling Stones", mit seinen inzwischen über sechsundsechzig Jahren schon ein älterer Herr, hat einem deutschen Zeitungsreporter denn kürzlich auch gestanden, dass das Leben als Rockstar keineswegs so glitzernd ist, wie sich das viele vorstellen: „Du bist nie wirklich zu Hause, du lebst wie ein Goldfisch in seinem Glas, es gibt zu viel Alkohol und zu viele Drogen. Es zerstört deine Seele" (vgl. *Süddeutsche Zeitung* vom 15.11.2002).

Die Seele braucht etwas anderes. Denn Sucht vermittelt kein Glück, sondern zerstörerische Abhängigkeit. Auch ein berühmter

Sänger, der vom Publikum umjubelt wird, kann sich, wenn er allein in seinem Hotelzimmer sitzt, einsam und elend fühlen. Da spürt er, dass er vom Erfolg nicht leben kann. Wir alle brauchen etwas anderes, das nicht verhallt wie der Applaus. Jeder von uns braucht den Reichtum in seinem Inneren: einen inneren Frieden, eine Ahnung von seiner Würde und von einer absoluten Freiheit und Geborgenheit. Nicht in der Ferne, in die er jagt, nicht im Rampenlicht, nach dem sich mancher sehnt, sondern in ihm selbst ist das, wonach er sich im Tiefsten sehnt: Authentizität, Geborgenheit, Liebe, Freiheit, Würde, Leben, Wahrheit, Klarheit und Licht.

# EWIG HIN- UND HERGERISSEN

■ ■ ■

„Ich will meine Sehnsuchtsziele gar nicht erreichen. Ich finde es wunderbar, Sehnsucht nach etwas zu haben, das ich nie erreichen kann. Die Sehnsucht stirbt an der Schwelle zur Erfüllung." Udo Jürgens hat das in einem Interview mit der *Süddeutschen Zeitung* gesagt. Der inzwischen bald 70-jährige Rockstar ist mit über 70 Millionen verkauften Platten ein sehr erfolgreicher Schlagersänger, der über 600 Songs komponiert hat, die oft das Thema Liebe und Emotionen besingen.

Es klingt verblüffend. Manche klagen, die Sehnsucht würde sie krank machen, weil sie nie erfüllt wird. Udo Jürgens hält gerade das Nichterfüllen der Sehnsucht für etwas Beglückendes. Die Sehnsucht treibt uns an, immer weiter zu suchen, uns immer neu auf den Weg zu machen. Die Sehnsucht hält uns lebendig. Sie macht das Herz weit. Sie ist die Quelle der Kreativität. Offensichtlich war die Sehnsucht nach dem, was man nie erreichen kann, eine Quelle, aus der dieser populäre Komponist und Sänger seine Lieder gedichtet und gesungen hat. Und vielleicht war es dieselbe Sehnsucht, die so viele Menschen erreicht und angesprochen hat.

„Meine Seele ist zwiegespalten", sagt er dem Reporter im Gespräch über die innere Spannung seines Lebens und verweist auf ein Lied, das er selbst komponierte. In diesem Lied drückt Udo Jürgens aus, wie er sein Leben lebt und versteht:

„Ewig hin- und hergerissen, zwischen Sehnsucht und Gewissen –
Hier, was ich fühle – da, was ich weiß –
In Gefahr, mich zu verletzen, an den eignen Gegensätzen –
hier viel zu kalt und da viel zu heiß."

Die Spannung zwischen Wissen und Gefühl hält den Menschen lebendig. Aber sie kann ihn auch zerreißen und ihn an den Gegensätzen zugrunde gehen lassen. Die richtige Balance zu finden zwischen Wissen und Sehnsucht – darin besteht offensichtlich die Kunst des Lebens.

Wir brauchen beides: das Wissen und die Sehnsucht. Wer nur in seiner Sehnsucht lebt, kann sich daran verbrennen. Wer nur im Wissen lebt, für den wird alles kalt.

Wir brauchen die Sehnsucht, damit in die kalte Welt unseres Wissens Wärme hineinströmt.

# BESCHMUTZT UND REIN

■ ■ ■

Schon an unserem Körper merken wir, wie sehr uns tiefe Erfahrung berühren. Wenn wir müde und verschwitzt nach Hause kommen, dann sehnen wir uns nach einem erfrischenden Bad. Danach fühlen wir uns rein, gereinigt nicht nur vom äußeren Schmutz, sondern auch von allem inneren Unrat, der sich mit den täglichen Konflikten in uns angesammelt hat. Dieses Gefühl von Reinsein weckt in uns die Sehnsucht nach wahrer Reinheit. Dieses Gefühl ist umfassend und geht über die bloß körperliche Erfahrung weit hinaus. Nicht umsonst spricht man in einem kritischen Sinne von „schmutziger Wäsche". Von öffentlichem Sumpf, von moralischem Morast ist die Rede. Gerade in einer Zeit, in der man täglich von Skandalen lesen kann und die Öffentlichkeit von Bilanzfälschungen und Korruptionsskandalen erschüttert wird, sehnen wir uns nach Integrität, nach Reinheit. Wir haben das tiefe und sichere Gespür, dass wir anders leben sollten. Wir sehnen uns nach Menschen, die in sich klar und lauter sind, die mit reiner Gesinnung ihre Aufgabe erfüllen, ohne Nebenabsichten, ohne sich selbst unrechtmäßig bereichern zu wollen. Schmutz ist ansteckend, sagt man. Wir werden sehr schnell in den Schmutz hineingezogen, der uns von außen umgibt. Wir lassen uns von den Emotionen der anderen infizieren. Schon im Kleinen und Alltäglichen wird das deutlich. Sobald einer über den Nachbarn oder einen Mitarbeiter schimpft, hängen wir uns mit unseren unklaren Emotionen daran. Und schon vermischt sich die fremde Bitterkeit mit der eigenen. Die Folge: Wir fühlen uns beschmutzt. Oft merken wir erst hinterher, wie schlecht es uns damit geht. Die Emotionen der anderen und die eigenen legen sich wie eine Staubschicht auf uns.

In einer solchen Situation sehnen wir uns nach innerer und äußerer Reinheit. Die frühen Mönche sprachen von der Reinheit des Herzens. Das war ihr Ziel. Sie kannten die Sehnsucht nach einer reinen Liebe, die nicht vermischt ist mit Besitzansprüchen, nach reiner Güte, die nicht berechnet, nach reiner Freundlichkeit, die nicht aufgesetzt ist. Wer ein reines Herz erlangt, der sieht den Menschen so, wie er ist, ohne seine eigenen Schattenseiten auf ihn zu projizieren. Er nimmt die Dinge so wahr, wie sie sind, ohne seine Nebenabsichten in sie zu mischen. „Für die Reinen ist alles rein", heißt es in der Bibel (Titusbrief 1, 15). Wir sehnen uns nach dem reinen Herzen, das in jedem Menschen die Sehnsucht nach Reinheit erkennt. Seine Reinheit strahlt aus – und sie macht auch sein Umfeld rein.

# FREIHEIT, DIE ZUR FESSEL WIRD

■ ■ ■

Die Sehnsucht – so der Psychologe und spirituelle Schriftsteller Anthony de Mello – kann zu einer Fessel werden: „Sogar die Sehnsucht nach Freiheit ist eine Fessel. Niemand ist wirklich frei, der sich um seine Freiheit sorgt. Nur die Zufriedenen sind frei."

Es geht immer um das rechte Maß. Wenn ich immer nur um meine Sehnsucht nach Freiheit kreise, dann wird die Sehnsucht zu einer Sorge. Und wenn ich mich um meine Freiheit sorge, dann bin ich nicht frei. Frei werde ich nur, wenn ich ja sage zu mir selbst. Wichtig ist, dass ich mich aussöhne mit mir, so wie ich bin.

Die echte Sehnsucht führt zur Aussöhnung – auch mit meiner Brüchigkeit und Begrenztheit. Die einengende und fesselnde Sehnsucht dagegen übergeht meine jetzige Realität. Ja sie lehnt sie ab. Sie gibt sich erst zufrieden, wenn die Sehnsucht erfüllt wird. Damit aber nehme ich gar nicht wahr, dass ich jetzt im Augenblick schon alles habe, wenn ich nur ganz eins bin mit mir und mit Gott.

Die Sehnsucht, die die Alten meinten, geht nicht der Erfahrung des Einsseins aus dem Wege, sondern gibt ihr die innere Spannung. Sie hält die Einheit lebendig und bewahrt sie davor, zu einem Einheitsbrei zu werden, in dem alles zerfließt.

# III.
## IM INNERSTEN BERÜHRT

# DIE EHRLICHSTE EIGENSCHAFT

■ ■ ■

„Ich habe in meinem Leben herausgefunden, dass die Sehnsucht die
einzig ehrliche Eigenschaft des Menschen ist." Das sagte der Philosoph Ernst Bloch in einem Interview an seinem 90. Geburtstag. Er
hat Recht: In allem kann der Mensch lügen. Alle Tugenden können
wir zur Schau tragen und dennoch heucheln. In alles kann sich etwas Unechtes und Falsches einschleichen. Die Liebe kann nicht
echt sein. Die Höflichkeit nur anerzogen. Das Helfen kann aus
egoistischen Motiven erfolgen. Wir müssen nur einmal unsere eigenen Haltungen ehrlich ansehen: Unsere Gerechtigkeit kann mit
Härte vermischt sein, unsere Zuwendung zu einem anderen mit
Besitzansprüchen, unsere Hilfe mit Machtinteressen. Nur eines
kann man nicht verfälschen: die Sehnsucht. Denn seine Sehnsucht
kann der Mensch nicht manipulieren. Der Mensch ist seine Sehnsucht. Sehnsucht ist wirklich die ehrlichste Eigenschaft aller Menschen: Sie ist einfach da. Sie regt sich in unserem Herzen, ob wir
wollen oder nicht. Wo ein Mensch sich sehnt, da kommt er mit seinem Herzen in Berührung. Ich kann meine Sehnsucht zwar auf
kurzfristige Ziele richten, wie etwa auf den Gewinn im Lotto oder
auf den Sieg meiner Fußballmannschaft. Aber auch in solcher
Sehnsucht klingt immer die Sehnsucht nach mehr mit, die Sehnsucht nach dem Gelingen des Lebens, die Sehnsucht nach Glück.
Für Augustinus ist in jeder Sehnsucht letztlich die Sehnsucht nach
dem Vollkommenen, nach dem Absoluten lebendig. Und diese
Sehnsucht ist zugleich das ehrliche Eingeständnis, dass ich, so wie
ich bin, noch nicht am Ziel bin; dass die Welt, so wie sie ist, noch
in Entwicklung ist; dass das Eigentliche noch bevorsteht.

Sehnsucht ist nicht nur die ehrlichste Empfindung. Sie kann
auch zur Ehrlichkeit gegenüber dem eigenen Leben verhelfen. Ich

erlebe häufig Menschen, die alles, was sie tun, in den schönsten Farben zeichnen müssen. Wenn sie vom Urlaub erzählen, dann war der durchweg phantastisch. Wenn sie einen Kurs besucht haben, dann war das die tiefste Erfahrung, die sie je gemacht haben. Manchmal habe ich da den Verdacht, dass sie alles in so rosiges Licht tauchen müssen, um ihre Enttäuschung zu verbergen. Denn eigentlich ist ihr Leben durchschnittlich. Im Urlaub gab es viele Missverständnisse mit dem Ehepartner. Aber nach außen hin muss man davon schwärmen. Man muss sich selbst beweisen, dass alles, was man tut, richtig ist. Aber hinter der Fassade sieht es ganz anders aus. Die Sehnsucht lässt mich mein Leben ehrlich anschauen. Ich muss nicht übertreiben. Ich muss den anderen nicht beweisen, wie tief meine Erfahrungen sind und welche Riesenfortschritte ich auf meinem inneren Weg mache. Ich nehme mich so an, wie ich bin: durchschnittlich, aber doch auch suchend, erfolgreich und erfolglos, sensibel und unsensibel, spirituell und zugleich oberflächlich. Ich darf mein Leben so anschauen, wie es ist. Denn meine Sehnsucht geht über dieses Leben hinaus. In der Sehnsucht manipuliere ich nicht. Die Sehnsucht ist einfach da. Und nur dort, wo die Sehnsucht ist, ist wirkliches Leben. Nur dort, wo ich mich meiner Sehnsucht stelle, bin ich auf der Spur des Lebens, entdecke ich meine eigene Lebendigkeit. Und auf der Spur der je größeren Lebendigkeit überwinde ich meine eigene enge Begrenztheit.

# UNTER DER OBERFLÄCHE

■ ■ ■

Wir beurteilen die Menschen meist nach dem, was sie erreicht haben. Wir fragen, wie weit sie in ihrem Beruf gekommen sind, wie viel Wissen sie sich angeeignet haben, wie viel Besitz sie erworben haben. Doch das ist nur die Oberfläche eines Menschen. Der arabische Schriftsteller Khalil Gibran schlägt eine andere Perspektive vor: „Um das Herz und den Verstand eines anderen Menschen zu verstehen, schaue nicht darauf, was er erreicht hat, sondern wonach er sich sehnt." Khalil Gibran sagt mit intuitiver Klarheit: Nur durch den Blick auf seine Sehnsucht können wir das Herz und den Verstand eines Menschen wirklich verstehen. Dass die Sehnsucht einen Blick in das Herz eines Menschen erlaubt, leuchtet uns unmittelbar ein. Besitz verstellt oft das Herz. Menschen, die die Karriereleiter erklommen haben, verbergen uns oft , was sie im Innersten bewegt. Sie setzen in ihrem Handeln auf reine Rationalität und in ihrem Verhältnis zu anderen auf Selbstsicherheit; in ihrem Bezug zur Wirklichkeit halten sie das Prinzip Objektivität hoch. Wie es im Herzen eines solchen Menschen wirklich aussieht, erkennen wir daran freilich nicht. Aber wer sich nur nach Besitz sehnt, dessen Herz wird immer unruhig und unzufrieden sein. Wer sich nur nach Erfolg sehnt, dessen Herz erkaltet. Wer sich aber nach Echtheit sehnt, nach Liebe, Gerechtigkeit und Güte, dessen Herz ist lebendig.

Das alles leuchtet unmittelbar ein. Was uns aber wirklich erstaunt: Khalil Gibran geht noch darüber hinaus, wenn er sagt, dass wir auch den Verstand eines Menschen erst verstehen, wenn wir auf seine Sehnsucht schauen. Wir sind ja in aller Regel davon überzeugt, Verstand und Sehnsucht seien Gegensätze. Doch in der Sichtweise des Dichters lässt das Wonach der Sehnsucht auch auf die Qualität des Verstandes schließen. Wer nur auf schnelle Bedürfnisbefriedigung und kurzfristigen Gewinn aus ist, dessen Verstand ist zu eng. Er mag einen noch so hohen Intelligenzquotienten haben, sein Verstand ist unterentwickelt. Wirklichen Verstand hat nur, wer sein Augenmerk auf Güter richtet, die die Sehnsucht wirklich zu erfüllen vermögen. Letztlich können nur Güter unsere Sehnsucht stillen, die über diese Welt hinausweisen und hinausreichen. Wer sich nach Liebe sehnt, sehnt sich nicht nur nach einem konkreten Menschen, der ihn liebt und den er zu lieben vermag. Letztlich steckt in der Sehnsucht nach Liebe immer schon die Ahnung einer unendlichen Liebe, die mehr ist als Lieben und Geliebtwerden. Es ist die Sehnsucht danach, Liebe zu *sein*. Wer Liebe *ist*, der hat teil an der Wirklichkeit des Absoluten. Ähnlich verhält es sich mit der Schönheit. Wer sich nach Schönheit sehnt, der sehnt sich letzten Endes danach, im Betrachten der Schönheit sich selbst zu vergessen, teilzuhaben an der Schönheit, selbst schön zu *sein*. Dies gilt für alle Güter, für die Gerechtigkeit, für die Wahrheit, für die Güte, für die Barmherzigkeit, für die Weisheit. All diese Haltungen sind offen für eine unendliche Wirklichkeit. Und sie führen uns zu ihr hin, über all unsere Begrenztheit hinweg. Wer sich nach dieser größeren Wirklichkeit sehnt, der ist wirklich weise. Dessen Verstand blickt durch alles Vordergründige hindurch und wird erst so der ganzen Wirklichkeit gerecht.

# WIRKLICH DEIN EIGENTUM?

■ ■ ■

„Nicht der ist arm, der wenig wünscht, sondern der immer mehr zu haben wünscht." Als vor einiger Zeit die Börsenkurse einbrachen, versuchte ein Börsenexperte im Fernsehen seine Zuschauer, deren Kontostände plötzlich geschmolzen waren, mit dieser alten chinesischen Weisheit zu trösten: Diese vor mehr als zweitausend Jahren geäußerte Einsicht eines Philosophen aus einer ganz anderen Kultur hat in der Tat viel mit unserer heutigen Gegenwart zu tun, denn sie geht von der Kenntnis des menschlichen Herzens aus. Auch heute sehnen sich viele Menschen nach Besitz. Sie denken, wenn sie erst genügend davon haben, würden sie endlich Ruhe finden. Besitz übt einen eigenartigen Reiz aus. Sobald ich jedoch das Ersehnte besitze, kann ich es oft schon nach kurzer Zeit nicht mehr genießen. Es wird alltäglich. Und so möchte ich immer mehr haben. Was ich bereits besitze, habe ich schon verloren. Es hat für mich seinen Reiz verloren.

Im Gegensatz zum Besitz scheint die Sehnsucht nichts Handfestes zu sein. Und dennoch gilt: „Nur was wir ersehnen, ist unser Eigentum. Was wir besitzen, haben wir schon verloren." Alfred von Harnack hat Recht mit dieser Feststellung: Was ich ersehne, das ist in meinem Herzen. Es gehört mir ganz und kann mir nicht geraubt werden.

Kein gieriger Mensch, kein Hochwasser und kein Feuer kann das, was ich ersehne, zerstören.

Es bleibt in meinem Herzen.

Es ist mein wahres, mein wirkliches Eigentum.

# EIN PARADOX

■ ■ ■

Die deutsche Sprache verbindet Sehnsucht mit der Sucht, der Krankheit und dem Schmerz. Wilhelm Raabe sieht die Sehnsucht anders: „Des Menschen Herz kann am glücklichsten sein, wenn es sich so recht sehnt."

Gerade dann, wenn es sich sehnt? Welche Erfahrung mag den Dichter zu dieser Einsicht geführt haben?

Natürlich ist wer sich sehnt, nicht glücklich in dem Sinn, wie der glücklich ist, der Erfüllung erfährt. Er hat nicht alles, was er zum Leben braucht. Er kann sich nicht zufrieden zurücklehnen.

Und dennoch: Der Mensch, der sich sehnt, besitzt alles, was er braucht. Auch im größten Mangel hat er die Sehnsucht nach dem in sich, was seine Seele im Tiefsten zufrieden stellt. In der Sehnsucht übersteigt er den Augenblick, mag er nun zufrieden stellen oder eher enttäuschen.

Es stimmt wirklich: Wer sich sehnt, der wird auch von den Tagesereignissen unabhängiger. Ob der Tag nun gelungen ist oder nicht, ob der erwartete Besuch da ist oder nicht, ob die Begegnungen beglückend waren oder eher schmerzlich, die Sehnsucht wird davon nicht berührt.

Die Sehnsucht hat teil am Paradox der Liebe. Wer verliebt ist, fühlt sich krank vor Liebe, und zugleich könnte er nicht glücklicher sein. Indem er sich nach dem Geliebten sehnt, spürt er das Glück der Liebe. So vermittelt auch die Sehnsucht eine eigene Erfahrung von Glück. Es ist das Glück, das auf uns zukommt, das uns erwartet.

Und dieses Glück, das wir ersehnen, ist mit der Sehnsucht schon in uns. Es ist unzerstörbar, eben weil es noch nicht da ist und weil es uns letztlich erst in Gott in seiner ganzen Fülle zuteil wird.

Die Kirchenväter sprachen von der unzerstörbaren Freude, die uns auch durch Krankheit und Unglück nicht genommen werden kann.

In der Sehnsucht lebt etwas von dieser unzerstörbaren Freude in uns.

# GLÜCKSELIGER URGRUND
# DER SEELE

■ ■ ■

Manche meinen, die Aufgabe der Psychologie bestehe darin,
den Menschen von seiner Sehnsucht weg und hin zur Realität zu
führen. Der Focusing-Therapeut Klaus Renn schlägt einen anderen
Weg vor. Er sieht in der Sehnsucht einen Weg zur eigenen Lebensfülle, wenn er schreibt: „Wenn Du der Sehnsucht hinter Deinem
alltäglichen Tun in bestimmter Weise folgst, so kommst Du Deiner
Lebensfülle auf die Spur. Wie von selbst verbindet ‚ES' sich mit
Deinen Kraftquellen. Und in Deinem persönlichen Tiefenprozess
entstehen von ganz alleine neue Vorstellungen und Bilder über
Dich selbst, die heilsam sind und Energie hervorbringen. Das Innere sehnt sich einfach nach Freude, Fröhlichkeit, Lust auf…, wie
zu echter Trauer über…, wirkliche Wut auf…, und nach wesent-
lichem Tiefsinn… Und unter/hinter all dem wartet in Deiner Tiefe
eine Freude – einfach so – , ein glückseliger Urgrund. "

Wenn man, wie Klaus Renn, die Sehnsucht als Weg zum glückseligen Urgrund der Seele versteht, dann bedeutet das keine Re-
alitätsflucht. Denn dieser Weg führt nicht an unserem Alltag vorbei, sondern durch ihn hindurch. Indem wir das alltägliche Tun
bewusst wahrnehmen, werden wir die Sehnsucht entdecken, die
hinter allem, was wir sagen, denken und tun, steht. Sie befreit uns
von der Fixierung auf das Vordergründige und lässt uns tiefer in
die eigene Seele schauen. In ihr kommen wir in Berührung mit
den inneren Kraftquellen. Sie führt uns in die eigene Tiefe. Und
dort in der Tiefe – die Mystiker würden vom „Seelengrund" sprechen – stoßen wir auf unsere Sehnsucht nach Freude, nach echten Gefühlen. Die Seele sehnt sich nach dem Ursprünglichen,

Unverfälschten, Authentischen, das noch nicht durch Konvention überdeckt, nicht von den eigenen oder fremden Erwartungen verstellt ist.

Dies ist in der Tat ein therapeutischer Weg. Er führt zu den Kraftquellen, die auf dem Grund unserer Seele sprudeln. Die tiefste Quelle, aus der wir schöpfen, ist die Freude. Sie liegt auf dem Grund unserer Seele bereit: ein glückseliger Urgrund, der uns in der eigenen Tiefe erwartet.

Auch ein Mensch, der gerade von depressiven Gefühlen überschwemmt wird, kann diese Sehnsucht wahrnehmen und sie zur Führerin wählen. Wir sollen unsere depressiven Gefühle nicht überspringen, aber wir dürfen uns auch nicht in sie vergraben. Gerade unsere Traurigkeit ruft nach der Sehnsucht, die uns durch sie hindurchführen möge auf jenen Urgrund, in dem uns Freude, Friede, Liebe, Lebendigkeit und Freiheit erwarten.

Jedes Gefühl, dem wir bis auf den Grund folgen, bringt uns mit der Sehnsucht nach dem glückseligen Urgrund in Berührung. Jede Emotion, die wir bewusst in unserem Leib wahrnehmen, bringt uns in Bewegung. Wenn wir uns bewegen lassen, gelangen wir durch jede Emotion in den eigenen Grund, in dem wir ganz wir selbst sind, eins mit unserem wahren Wesen, eins mit Gott, dem Grund aller Freude, mit Gott, dem glückseligen Urgrund.

# NICHT ÜBERFORDERN

■ ■ ■

Es hilft nicht, vor der Realität unseres Lebens davonzulaufen und uns in der Irrealität einer Wunschwelt zu verlaufen. Sehnsucht kann durchaus eine Hilfe sein, unsere Realität anzunehmen, sie nicht zu verdrängen. Wenn wir in uns eine Sehnsucht nach etwas Weltjenseitigem spüren, nach einem Ort, der diese Welt übersteigt, dann können wir uns aussöhnen mit der oft so banalen Wirklichkeit unseres Lebens, ohne sie ideologisch verbrämen oder schönreden zu müssen. Dann sind wir nicht enttäuscht, wenn der von uns geliebte Mensch unsere tiefste Sehnsucht nach absoluter Liebe nicht erfüllen kann. Dann überfordern wir unsern Ehepartner nicht mit Erwartungen, die ein Mensch gar nicht erfüllen kann. Ich erlebe immer wieder, wie Menschen von dem, den sie lieben, erwarten, dass er sie heile, dass er sie erlöse und befreie und ihrem Leben einen letzten Sinn schenke. Aber das sind Erwartungen, die kein Mensch erfüllen kann.

Die Sehnsucht relativiert unsere Erwartungen an einen Menschen, damit wir fähig werden, menschlich miteinander umzugehen, ihn so zu lassen, wie er ist. Dann müssen wir ihn nicht absolut setzen und ihn mit Gott verwechseln, dem er nie gleichen kann.

# HINEINWACHSEN INS
# EIGENE BILD

■ ■ ■

Als der alte Karl Rahner bei der Feier seines 80. Geburtstags in seiner Heimatstadt Freiburg nach all den Ehrungen seine Dankesrede hielt, zitierte er den dänischen Religionsphilosophen Sören Kierkegaard: „Sehnsüchtig grüßt der, der ich bin, den, der ich sein könnte." Es klang Wehmut mit in diesem Wort des großen Theologen, auch Bescheidung. Und es hat die Zuhörer auch beeindruckt: Wer mit achtzig Jahren und nach einem rastlosen Leben, das eine ungewöhnlich reiche Ernte getragen hatte, eingestehen kann, dass er immer noch nicht der ist, der er sein möchte, der beweist innere Größe.

Den Zwiespalt erleben wir wohl alle. Wir haben Bilder von uns, wie wir sein möchten. Und wir sehnen uns danach, diese inneren Bilder zu verwirklichen. Wir möchten gelassen sein, freundlich, beherrscht, diszipliniert, lebendig, frei, offen. Wir möchten voller Liebe sein. Doch dann erleben wir immer wieder schmerzlich, wie durchschnittlich wir sind, hin- und hergerissen zwischen Liebe und Hass, zwischen Disziplin und Disziplinlosigkeit, zwischen Freundlichkeit und Griesgram, zwischen Lebendigkeit und Starre. Wohl unser ganzes Leben sehnen wir uns danach, zu wachsen, reifer zu werden, zufriedener, ausgeglichener, liebender.

Man kann den Satz Kierkegaards resignierend aussprechen. Dann wäre die Sehnsucht freilich in Gefahr, zum Selbstmitleid zu verkommen. Wir würden im Selbstmitleid darüber ertrinken, dass wir es nie schaffen so zu sein, wie wir eigentlich möchten. Solche Sehnsucht würde uns nicht weiterbringen. Sie wäre wie eine Flucht, unsere eigene Wahrheit genauer anzuschauen.

Man kann die Worte des dänischen Gottsuchers aber auch anders verstehen. Indem ich mich danach sehne, der zu sein, der ich sein könnte, strecke ich mich nach dieser innerlich erblickten Gestalt aus. Wenn Sehnen von der Sehne kommt, die sich ausstreckt und anspannt, dann eröffnet sich hier eine neue Sicht: Die Sehnsucht lehrt mich dann das innere Wachsen, damit ich mehr und mehr in das Bild hineinwachse, das ich von mir entworfen habe.

Allerdings muss ich mein Bild von mir immer wieder daraufhin überprüfen, ob es meinem Wesen entspricht, oder ob es eine Illusion ist, mit der ich der eigenen Wirklichkeit entfliehen möchte.

# ENTTÄUSCHUNG HÄLT WACH

■ ■ ■

Zu unserem Leben gehören Enttäuschungen. Unsere Familie enttäuscht uns, unser Beruf enttäuscht uns. Wir sind von uns selbst enttäuscht. Wir haben uns Illusionen gemacht über uns und die andern. Wir haben uns getäuscht. Das zu erkennen, ist schmerzlich. Viele weichen dieser schmerzlichen Erkenntnis lieber aus. Aber dabei droht eine Gefahr: Sie sind dann ständig auf der Flucht vor sich selbst, kommen nie zur Ruhe. Wenn wir uns unserer Sehnsucht stellen, dann können wir uns damit aussöhnen, dass unser Beruf unsere Erwartungen nicht erfüllt. Dann sind wir einverstanden mit uns selbst, mit unseren Fehlern und Schwächen. Wir müssen uns selbst ja gar nicht genügen. Unsere Sehnsucht geht darüber hinaus. Der schönste Beruf allein vermag unsere Sehnsucht nicht zu erfüllen. Die Sehnsucht relativiert alles, was wir hier tun. Dadurch befreit sie uns von dem verbissenen Streben nach immer mehr Erfolg und Anerkennung. Sie befreit uns von dem Druck, unter den wir uns oft selbst setzen. Ich erlebe bei vielen Menschen, dass sie nicht bei sich selbst sind, sondern bei den andern, bei dem, was die anderen von ihnen erwarten. Und weil sie meinen, sie müssten diese Erwartungen erfüllen, setzen sie sich selbst unter Druck. Die Sehnsucht bringt uns in Berührung mit uns selbst. Wenn ich sie spüre, dann bin ich in meinem Herzen. Dort haben die anderen mit ihrer Erwartung keine Macht über mich. Die Sehnsucht bewahrt mich also davor, auf die Enttäuschungen meines Lebens mit Resignation zu reagieren. Im Gegenteil, die Enttäuschung hält meine Sehnsucht wach.

In vielen Gesprächen wurde mir noch etwas anderes deutlich: Echte Sehnsucht hilft mir auch, mit den Enttäuschungen meines Lebens besser umzugehen. Die Sehnsucht nach dem Eigentlichen und nach dem Geheimnis meines Lebens wird sowohl durch Erfüllung als auch durch Enttäuschung entfacht. Wenn ich ein Gespräch mit einem Freund genieße, weckt es zugleich die Sehnsucht nach völligem Verstehen und Einswerden. Die Sehnsucht hilft mir, das Gespräch in seiner Tiefe wahrzunehmen und mich von ihm über mich hinaus führen zu lassen. Wenn ich einen schönen Urlaub erlebe, sehne ich mich nach absoluter Freiheit und Lebendigkeit. Die Sehnsucht zerstört meinen Urlaub nicht, sondern lässt ihn mich erst in seiner wahren Dimension und Verheißung erleben. Ich habe dann keine Angst, nach dem Urlaub wieder ins Loch zu fallen. Denn die Sehnsucht, die der Urlaub geweckt hat, bleibt in mir lebendig und wirksam. Die Sehnsucht ist nicht der Feind der Erfüllung, sondern sie ermöglicht es mir, die Liebe, die Geborgenheit, die Begegnung, das Glück erst in seiner Fülle wahrzunehmen. Weil das, was ich erlebe, nicht alles ist, sondern über sich hinausweist auf die eigentliche Vollendung, kann ich das, was ist, in Freiheit und innerer Freude genießen.

Ich muss den schönen Augenblick nicht krampfhaft festhalten.

Ich kann das Erlebte wieder loslassen.

Es hat mich berührt, und es hat Sehnsucht in mir geweckt.

Das bleibt in mir.

# WENN ALLES ZU VIEL WIRD

■ ■ ■

Ich erlebe immer wieder Menschen, die darüber jammern, dass ihre Mitmenschen so schwierig sind. Der Ehepartner hat zu wenig Verständnis. Die Arbeitskollegin geht einem auf die Nerven. Die Gemeinschaft enttäuscht mich immer wieder, weil sie so durchschnittlich und banal ist. Ich kenne Menschen, die in einer Gemeinschaft leben und sich bitter beklagen, dass ihre Gemeinschaft so eng ist. Alles, was sie investieren, damit das Zusammenleben lebendiger wird, schlägt fehl. Sie sind frustriert und verbittert.

Natürlich sollen wir daran arbeiten, dass unter uns ein verstehendes und wohlwollendes Klima entsteht. Aber manchmal kommen wir einfach an unsere Grenzen. Dann ist die Frage, ob ich mich an der Grenze aufreibe, oder ob ich mir von ihr meine Sehnsucht stärken lasse. Dann kann ich mich mit der Grenze aussöhnen, nicht resignierend, sondern in dem Wissen, dass sie mich lebendig hält und mich tiefer in meine Sehnsucht hineinführt und so näher zu Gott bringt.

Oder ich bin enttäuscht über meine Arbeit. Sie ist so langweilig oder raubt mir alle Energie. Es gibt so viel Leerlauf und Sinnlosigkeit, und ich spüre, dass ich zu etwas anderem berufen bin. In einer solchen Situation stehe ich vor einer echten Alternative: Ich kann mich beklagen, dass die anderen mein Glück verhindern, dass mir meine berufliche Situation den inneren Frieden unmöglich macht. Oder ich kann die Enttäuschung bewusst annehmen, weil sie meine Sehnsucht anstachelt, mich mit ihr erst richtig in Berührung bringt. Dann kann ich gelassen auf mein Leben schauen. Ich bin frei von der Fixierung auf meine Erwartungen und verliere die Angst, dass meine Erwartungen doch nicht erfüllt werden. Ganz gleich, was auf mich einströmt,

76

ich spüre die Sehnsucht in mir. Und die gehört mir. Die ist mein Eigentum. Die enthebt mich der Enge, in die mich die alltäglichen Konflikte oft hineindrängen. Sie beflügelt meine Seele, so dass sie nicht eingefangen wird von den alltäglichen Reibereien und Enttäuschungen.

# GANZ IM AUGENBLICK

■ ■ ■

Im Gefängnis von Tegel hat der Theologe und Widerstands-
kämpfer Dietrich Bonhoeffer viel nachgedacht über den Sinn des
Lebens und über das Geheimnis des Menschen. Als ihm alles genommen war – sein Beruf, seine Freiheit, seine Braut –, da wurde
er mit der nackten Wahrheit seines Lebens konfrontiert. Das führte
ihn zu neuen Einsichten, die die Theologie heute noch herausfordern und befruchten. In seinen Aufzeichnungen, die unter dem Titel „Widerstand und Ergebung" publiziert wurden, notiert er:
„Aber gehört es nicht zum Wesen des Mannes im Unterschied zum
Unfertigen, dass das Schwergewicht seines Lebens immer dort ist,
wo er sich gerade befindet, und dass die Sehnsucht nach der Erfüllung seiner Wünsche ihn doch nicht davon abzubringen vermag,
dort, wo er nun einmal steht, ganz das zu sein, was er ist?"

Dietrich Bonhoeffer denkt über das Wesen des Menschen
nach. Und erkennt, dass sich dieser auf den gegenwärtigen Augenblick mit seinen Herausforderungen einlässt. Sehnsüchte halten ihn nicht davon ab, an dem teilzunehmen, was gerade ansteht.
Die Sehnsucht entreißt ihn also nicht seinen alltäglichen Ausein-
andersetzungen. Im Gegenteil, sie ermöglicht es ihm, ganz im Augenblick und ganz er selbst zu sein, zu sich und seiner Wahrheit zu
stehen.

Bonhoeffer kennt offensichtlich auch eine andere Sehnsucht,
die den Menschen davon abhält, sich auf das gerade Geforderte
einzulassen: die Sehnsucht als Flucht vor der Realität. Doch das
wäre eine krankhafte Sehnsucht, eine infantile Sehnsucht, die
der Realität ausweichen möchte, statt sie aktiv zu gestalten. Die
gesunde Sehnsucht führt den Menschen dazu, ganz dort zu sein,
wo er gerade steht, und das anzupacken, was er als notwendig er-

kannt hat. In der Sehnsucht übersteigt der Mensch diese Welt und den jeweiligen Augenblick, aber nicht, um alles hinter sich zu lassen, sondern um aus dieser höheren Perspektive heraus diese Welt zu formen und für diese Welt Verantwortung zu übernehmen.

# HARMONIE UND SPANNUNG

■ ■ ■

Jeder von uns kennt die Sehnsucht nach Harmonie. Konflikte belasten. Manch einer hält es in einer Atmosphäre von Streit und Zwietracht kaum aus. Menschen, die in ihrer Kindheit ständig mit den Konflikten zwischen den Eltern konfrontiert waren, können als Erwachsene kaum Streit ertragen. Sofort kommt in ihnen die traumatische Erfahrung ihrer Kindheit hoch. Sie haben Angst, dass man ihnen den Boden unter den Füßen wegzieht. Konflikte sind für sie bedrohlich. Um überleben zu können, haben sie als Kinder die Augen vor den Konflikten geschlossen. Und dieses Lebensmuster begleitet sie auch heute. Ihre Sehnsucht nach Harmonie ist verständlich. Sie ermöglicht es ihnen, zu überleben. Doch wenn sich diese verletzten Menschen nicht mit den Konflikten ihrer Kindheit aussöhnen, werden sie unweigerlich immer wieder in lebensbedrohliche Konflikte geraten. Sie dürfen ihre Sehnsucht nicht dazu missbrauchen, den Konflikten auszuweichen. Wie jede Haltung hat auch die Sehnsucht nach Harmonie etwas Zwiespältiges. Sie kann mich dazu antreiben, um mich herum eine Atmosphäre des Verständnisses und der Harmonie zu schaffen. Sie kann aber auch dazu führen, dass ich allen Konflikten aus dem Weg gehe und alle Probleme unter den Teppich kehre. Dann entsteht nur eine Scheinharmonie.

Wer Harmonie sucht, den sollte die Sehnsucht danach dazu antreiben, an einer guten Konfliktlösung zu arbeiten. Dann wird die Sehnsucht nicht nur diesem Menschen, sondern auch seiner Umgebung zum Segen.

Die Sehnsucht nach Harmonie ist also ambivalent. Sie kann zur Flucht vor der Realität führen. Sie kann aber auch zum Motor werden, zerstrittene Menschen an einen Tisch zu bringen, die Probleme offen anzusprechen und nach einem Weg zu suchen, wie Menschen verschiedener Meinung offen und ehrlich miteinander umgehen können, ohne die Gegensätze zu verwischen.

Die Sehnsucht nach Harmonie darf aber nicht dazu führen, die Gegensätze in der eigenen Seele zu übersehen. Wir spüren sie alle: die Gegensätze von Liebe und Härte, Sehnsucht nach Stille und Drang nach außen, Introversion und Extraversion, Achten auf die eigenen Gefühle und Missachtung des Leibes, Trauer und Freude, Vertrauen und Angst, Einsamkeit und Gemeinschaft. Sie sind oft so stark, dass sie einen Menschen zerreißen. Sie können aber auch strömendes Leben erzeugen. Denn ohne Spannung gibt es kein Leben.

Es geht darum, die Spannung des Herzens nicht vorschnell aufzulösen oder einer Sehnsucht nach Harmonie zu opfern, sondern sie fruchtbar werden zu lassen. Suche also die Spannung, die das Leben und die Liebe in dir strömen lassen, damit von dir Leben ausgeht für die Menschen in deiner Umgebung.

# ANGEZOGENE HANDBREMSE

■ ■ ■

Der psychologisch geschulte Seelenkenner Anthony de Mello sieht in der Sehnsucht auch eine Gefahr. Man kann sich so in seine Sehnsucht hineinsteigern, dass man dem Leben ausweicht, das Gott einem zugedacht hat. Die gesunde Sehnsucht ermöglicht es mir, ja zu sagen zu meinem Leben, auch mit seiner Banalität und Durchschnittlichkeit. Es gibt aber auch eine andere Sehnsucht, die nie zufrieden ist und immer mehr möchte. Von ihr sagt de Mello: „Viele meinen, wenn sie keine Sehnsüchte hätten, wären sie wie ein Stück Holz. In Wirklichkeit würden sie jedoch nur ihre Verspanntheit verlieren. Befreien Sie sich von Ihrer Angst zu versagen, von Ihrer Anspannung, Erfolg haben zu müssen, und Sie werden bald Sie selbst sein – entspannt. Sie werden dann nicht mehr mit angezogener Handbremse fahren."

Die Sehnsucht, von der de Mello hier spricht, führt den Menschen weg vom Augenblick, in dem das Entscheidende geschieht. Anstatt in der Gegenwart zu leben, spannen sich manche Menschen mit ihrer Sehnsucht aus nach der Zukunft und suchen dort das Leben. Doch wenn ich das, was Leben ausmacht, nicht im Augenblick finde, werde ich es auch nicht in der Zukunft wahrnehmen.

# DIE WEISHEIT DES TAGORE

■ ■ ■

„Meine Augen haben viel gesehen, aber sie sind nicht müde. Meine Ohren haben viel gehört, aber sie verlangen nach mehr." Der indische Philosoph und Dichter Tagore, von dem dieser Satz stammt, ist viel in der Welt gereist. Dennoch wurden seine Augen nie müde, die Schönheit der Welt zu sehen. Er hat sich offensichtlich einen Blick für die Schönheit und für das Geheimnis dieser Welt bewahrt. In allem, was er gesehen hat, hat er etwas von der Schönheit Gottes erblickt. Und er hat in den Gesichtern der Menschen ihre Erfahrungen und ihre Sehnsüchte entdeckt. In ihren Bauten, in ihrer Kultur hat er das Geheimnis des menschlichen Herzens gesehen. Wer so zu schauen vermag, dass er mit dem Geschauten eins wird, dass er sich im Schauen selbst vergisst und das Unsichtbare sieht, dessen Augen werden niemals müde.

Manchmal verstopfen wir unsere Ohren, um den Lärm um uns herum nicht zu hören. Oder wir haben genug, wenn uns Menschen über ihre Probleme erzählen. Wir wollen nichts mehr hören. Tagore hat bei seinen Reisen viel gehört. Er hat den Menschen zugehört, denen er begegnet ist. Und es war ihm nie zu viel. Er wollte immer noch mehr hören. War er nur neugierig? Ich glaube nicht.

Es gibt Menschen, die wollen ständig Skandalgeschichten hören. Ihr Hören tut nicht gut. Ihre Ohren locken aus uns etwas heraus, was wir gar nicht sagen wollten. Tagore hat anders zugehört. Er hat im Hören auf das Unhörbare gehorcht, auf das, was in den Stimmen der Menschen mitklingt, auf die Zwischentöne, auf die Sehnsucht, die ihre Worte verraten.

Wer so hört, der verlangt nach mehr.

Er hört auf das Geheimnis des Lebens.

Und das ist so reich, dass wir nie zu Ende kommen.

# ANGESTECKT
# VON DER SCHÖNHEIT

■ ■ ■

„Sehnsucht lässt alle Dinge blühen." Welche Erfahrung mag hinter diesem Satz des französischen Schriftstellers Marcel Proust stecken? Wenn ich mich nach Liebe sehne, dann erinnert mich eine Rose an die Liebe, die mir der geliebte Mensch entgegenbrachte. Und schon blüht die Rose für mich anders. Der mächtige Baum, der meine Augen in Bann zieht, lockt in mir auch die Sehnsucht nach Beständigkeit, Standfestigkeit, Selbstvertrauen und Kraft hervor. Die Sehnsucht lässt mich den Baum mit anderen Augen anschauen.

Kürzlich verbrachte ich meinen Jahresurlaub in der Toskana. Ich saß auf einem Hügel und schaute in die weite Landschaft. Ich konnte nicht genug schauen. Ich sah nicht auf bestimmte Berge oder Dörfer. Ich saß einfach da und schaute. Ich spürte, wie die Landschaft mir gut tat. Die Stille, die mich umgab, erfüllte mein Herz. Im Schauen und Hören kam ich in Berührung mit meiner Sehnsucht nach Schönheit, Frieden, Heimat, Weite, nach Eingebettetsein in die Schöpfung.

Und ich spürte den Unterschied: Wenn ich diese Landschaft nur mit Augen betrachtet hätte, die wissen wollen, wo welcher Berg oder welche Stadt liegt, dann wäre ich bald schon wieder aufgestanden. Ich hätte meine Neugier befriedigt. Aber die Landschaft wäre für mich tot geblieben. Indem ich mich jedoch von ihrer Schönheit und Weite anstecken ließ, bekam die Landschaft für mich eine andere Qualität. Sie begann zu blühen. Ich fühlte Ruhe, Erfüllung, Weite. Die Landschaft tat mir gut. Sie schenkte mir Frieden und Glück. Ich hörte auf die Stille, in der das Unhörbare anklang. Ich schaute und schaute und konnte mich nicht satt sehen.

Ich schaute nicht auf einzelne Dinge, sondern auf die Weite, auf das Liebliche, das Beruhigende, auf den geheimnisvollen Zauber, der von dieser Landschaft ausging.

Ich kann mir vorstellen, dass ähnliche Erfahrungen hinter dem Satz Marcel Prousts stehen. Wenn er mit den Augen der Sehnsucht auf die Dinge sah, begannen sie unter seinen Augen zu blühen.

# FEUER IN DER SEELE

■ ■ ■

Der holländische Theologe und Psychologe Henri Nouwen
fühlte sich seinem Landsmann Vincent van Gogh geistesverwandt.
Er spürte in sich selbst etwas von der Zerrissenheit dieses großen
Künstlers. Aber zugleich zog ihn das Feuer in den Bildern seines
Landsmannes an. Darüber hatte der Maler ausdrücklich gesagt:
„Das Feuer in seiner Seele soll man nie ausgehen lassen, sondern es
schüren."

Vincent van Gogh war ein leidenschaftlicher Mensch und Gott-
sucher. Er fühlte sich den armen und an den Rand gedrängten
Menschen tief verbunden. Und er träumte davon, „die Hoffnung
durch einen Stern auszudrücken, die Sehnsucht einer Seele durch
einen strahlenden Sonnenuntergang". Das Feuer, das in seiner
Seele brannte, ließ er nie ausgehen, sondern entfachte es immer
wieder von neuem, auch wenn es ihn an den Rand der Verzweiflung brachte. Während seines Lebens wollte sich niemand an diesen „Ofen" setzen, um sich daran zu wärmen. Ein einziges Bild
konnte sein Bruder Theo zu Lebzeiten des großen Künstlers für ihn
verkaufen. Doch heute – so meint Henri Nouwen –, heute nehmen
sich viele die Zeit, seine Bilder zu betrachten, weil sie intuitiv das
Feuer darin spüren, das ihr kaltes Herz mit Wärme erfüllt. Und so
beginnt auch das Feuer in ihnen wieder zu brennen, das in der Un-
rast ihres Lebens erloschen ist.

Das Feuer, das van Gogh zeit seines Lebens in seiner Seele trug,
brennt noch heute in seinen Bildern. Der „Funke", der von ihnen
überspringen und sich entzünden kann, hat seinen Grund in der
menschlichen Wärme und Glut des Künstlers. Nur wer selbst das
Feuer in sich trägt, kann andere damit entflammen.

Wer heute van Goghs Bilder anschaut und sich in sie vertieft, kommt in unmittelbare Berührung mit der Sehnsucht nach Liebe, mit jener Kraft, die den leidenschaftlichen Künstler getrieben hat, zu malen und in seinen Bildern auch andere an dem Feuer teilhaben zu lassen, das in ihm brannte.

# ZAUBERWORTE

■ ■ ■

„Schläft ein Lied in allen Dingen,
Die da träumen fort und fort,
Und die Welt hebt an zu singen,
Triffst du nur das Zauberwort."

Dieses Lied Joseph von Eichendorffs ist zu einer Kennmelodie der Romantik geworden. Dennoch geht sie über ihre Entstehungszeit hinaus und bezieht sich nicht nur auf die Dichtung. Jeder, der schreibend etwas ausdrücken möchte, jeder Schriftsteller sehnt sich nach dem rechten Wort, nach dem Wort, das wie ein Schlüssel ist, der das Geheimnis der Welt auftut. Auch ich spüre dies beim Schreiben. Ich leide daran, dass die Worte nicht treffen, was ich im Innersten erahne und was ich ausdrücken möchte. Schreiben ist ein Ringen um Worte, die das Herz des Menschen berühren und es öffnen für das, wonach es sich im Tiefsten sehnt. Man möchte meinen, die Dichter und Schriftsteller hätten schon alles gesagt, was zu sagen ist. Und ich selbst hätte doch auch schon längst gesagt, was in mir ist. Warum dann immer weiterschreiben? Schreiben ist das Trachten danach, das Geheimnis zu treffen, das in allem liegt. Eichendorff drückt diese Sehnsucht nach dem rechten Wort in unübertroffener Weise aus. Er glaubt, dass das rechte Wort die Welt singen lässt. Denn in allen Dingen schläft ein Lied. Es ist das Lied der Sehnsucht nach der wahren Schönheit, die in allem liegt, nach der Liebe, die alles durchdringt, nach dem Leben, das mir in der Schöpfung entgegenströmt und mich lebendig macht. Wenn ich das Zauberwort, das Schlüsselwort finde, dann hebt die Welt an zu singen, dann erklingt das wahre Loblied zu Ehren dessen, der diese Welt geschaffen hat und in allem lebendig ist, was ist. In allem, was wir sehen, schläft das Verborgene, in dem sich Gott selbst verbirgt. Also will jedes Ringen nach dem rechten Wort das Entbergen des Verborgenen bewirken, das Offenbarmachen des Unsichtbaren, das Zur-Sprache-Bringen des Unaussprechlichen.

Auch wenn viele Dichter uns die Augen geöffnet haben für das Geheimnis, das in allem liegt, so braucht es in jeder Zeit immer wieder neue Dichter, die uns die Zauberworte schenken, damit wir offen werden für das unendliche und nie zu ergründende Geheimnis, das in allem anwesend ist.

# GEFÄHRLICHE TRÄUME

■ ■ ■

Als Kind hatten wir alle unseren eigenen Lebenstraum. Viele Erwachsene tun ihre Kinderträume als bloße Schäume ab. Sie passen sich lieber der Realität an. Doch dabei wird ihr Leben oft dumpf und leer. Sie funktionieren, aber sie leben nicht. Träume gehören zum Leben. Ohne Träume, die über das Tagesgeschehen hinausgehen, verlieren wir unsere Lebendigkeit und Phantasie.

„Wenn es gefährlich ist, ein bisschen zu träumen, dann ist das Heilmittel dagegen nicht, weniger zu träumen, sondern mehr, ja die ganze Zeit zu träumen." Marcel Proust hat das gesagt. Der Autor des Buches „Auf der Suche nach der verlorenen Zeit", eines der ganz großen Romane über Erinnerung und Sehnsucht, meint mit den gefährlichen Träumen nicht den nächtlichen Traum, der über uns kommt, sondern den Tagtraum, den wir selbst entwerfen. Marcel Proust gibt zu: Träume sind gefährlich. Sie destabilisieren in der Tat die Verhältnisse. Seit je haben daher Tyrannen Träume verabscheut. Denn noch in der größten Tyrannei träumen die Menschen von der Freiheit. Und in ihren Träumen fühlen sie sich frei. Der Tyrann kann nur ihre äußeren Verhältnisse bestimmen, aber nicht ihre Seele, die sich in den Träumen von Weite und Freiheit ihre eigenen Räume schafft. In den Träumen wird sichtbar, dass sich unsere Seele in keinen Käfig sperren lässt, weder in den eines Tyrannen noch in den Käfig der alltäglichen Pflichten.

Marcel Proust gibt uns einen Rat, der paradox erscheint. Er rät uns, die ganze Zeit zu träumen. Ist das nicht unrealistisch? Ist das nicht Flucht in eine Scheinwelt? Sicherlich meint der französische Romancier nicht, dass wir uns in Träume flüchten sollen, um den Anforderungen des Alltags auszuweichen. Es geht ihm vielmehr darum, gegen die Tyrannei des Vordergründigen anzuträumen, dem

90

oberflächlichen Treiben die Macht zu nehmen. Es gibt noch etwas anderes als die Arbeit und das bloße Überleben. Es gibt die Welt der Phantasie, in der wir in Berührung kommen mit den Möglichkeiten unserer Seele, mit dem inneren Reichtum, den Gott uns geschenkt hat. Wer in seinen Träumen den Schatz in seiner Seele entdeckt, der kann sich auch des Banalen in seinem Alltag annehmen, ohne selbst banal zu werden. Der Tiefenpsychologe und Kenner der menschlichen Seele C. G. Jung meinte einmal, die Leute würden heute krank wegen der Banalität ihres Lebens. Sie fühlen sich nur als Arbeitnehmer oder Arbeitgeber, als Krankenkassenbeitragszahler oder Rentenempfänger. Sie sind nichts als das, was die Statistik über sie sagt. Das macht die Seele krank. In den Träumen darf die Seele atmen. Da kann sie sich ausstrecken und ihre eigene Weite erleben. Und die weite Seele macht auch den engen und begrenzten Leib gesund, in dem sie lebt.

# NICHT EINGESCHLOSSEN

■ ■ ■

„Träume – der beste Beweis dafür, dass wir nicht so fest in unsere Haut eingeschlossen sind, als es scheint." Der Dichter Friedrich Hebbel hat mit diesem Satz etwas formuliert, das wir jede Nacht erfahren können. Die nächtlichen Träume führen uns ja in eine andere Welt. Sie zeigen uns, dass unser Leben bunter ist, als es sich im Alltag oft darbietet. Im Traum gelten die Naturgesetze nicht. Da verwandeln sich Tiere in Menschen. Da setzen wir die Schwerkraft außer Kraft und fliegen. Da werden sogar Männer schwanger und alte Frauen bekommen ein Kind.

Der Traum sagt mir nicht nur, wie es um mich steht. Er gibt mir oft auch die Schritte an, wie ich auf meinem Weg weiterkommen kann. Und der Traum verweist mich auf die Möglichkeiten, die in mir stecken. Wenn ich von einem Kind träume, dann weiß ich, dass etwas Neues in mir geboren werden will, dass ich im Begriff bin, mit meinem wahren Selbst in Berührung zu kommen.

Im Traum weitet sich die Welt für mich. Da tauche ich ein in den göttlichen Wurzelgrund. Da sehe ich hinter die Welt. Da geht mir das Geheimnis der Welt auf.

Es gibt aber nicht nur den nächtlichen Traum. Jeder Mensch hat seine Lebensträume. Als Kind träumte er vielleicht davon, dass sein Leben gelingt, dass er diese Welt verändert. Diese Träume sind keineswegs Schäume. Viele Erwachsene legen freilich ihre Lebensträume ab und leben einfach in den Tag hinein. Doch ihr Leben wird leer und oberflächlich.

Nur von dem, der mit seinen Lebensträumen in Berührung ist, wird etwas ausgehen können, das diese Welt verwandelt. Nur wer noch Träume hat, kann in dieser Welt etwas bewegen.

Wir sind mehr als dieses Stück Leib, das von unserer Haut umschlossen wird.

In uns leben Träume, die das eigene Herz weiten und diese Welt in Bewegung bringen können.

# WIRKLICHES LEBEN

■ ■ ■

Viele suchen nach einem Ratgeber, der ihnen sagt, welchen Weg sie beschreiten und wie sie diesen Weg gehen sollen. Und sie suchen nach geistlichen Führern, die ihnen dabei helfen können. Auch der Dichter soll ihnen ein Begleiter auf dem Weg sein. Hermann Hesse – von vielen Lesern sicher als ein solcher Seelenbegleiter verstanden – wehrt sich gegen diese Erwartung: „Das Amt des Dichters ist nicht das Zeigen der Wege, sondern vor allem das Wecken der Sehnsucht."

Ähnlich denkt Paul Celan, wenn er vom Dichter die Kunst fordert, das Unaussprechliche zur Sprache zu bringen. Dahinter steht ein vergleichbar hohes Verständnis von Kunst. Indem der Dichter das Unnennbare nennt, das Unsichtbare sichtbar werden lässt, öffnet er das menschliche Herz für den weiten Horizont des Unendlichen. Für mich wird das bei Hermann Hesse am deutlichsten in seinem Roman „Narziss und Goldmund". Hier beschreibt er die Sehnsucht von Goldmund nach seiner Mutter. Die Sehnsucht treibt ihn an, immer neue Frauenbeziehungen zu suchen, bis er schließlich, müde geworden, im Kloster seines Freundes Narziss ankommt. Dort beginnt er eine Madonna zu schnitzen, in die er seine Sehnsucht nach der verlorenen Mutter hineinlegt.

Meine erste Lektüre von „Narziss und Goldmund" hat in mir die Sehnsucht nach einer Geborgenheit geweckt, die das vordergründige Angenommenwerden durch geliebte Menschen übersteigt.

Auch als ich den „Steppenwolf" las, kam ich mit meiner Sehnsucht in Berührung. Zwar wusste ich nach dem Lesen nicht, was ich nun in meinem Leben konkret ändern sollte. Aber mein Herz war weit geworden. Alles hatte darin Platz. Und es sehnte sich nach wirklichem Leben, nach Ekstase, nach Gelassenheit, nach der Leichtigkeit der Mozartschen Musik.

# VORBOTEN, VORGEFÜHLE

■ ■ ■

Was sich ein Mensch wünscht, sagt immer etwas über seine Seele aus. Da gibt es Wünsche nach einem Schlaraffenland, die zeigen, dass man immer noch im Mutterschoß verweilen möchte. Und es gibt ganz konkrete Wünsche nach Freundschaft, nach einem erholsamen Urlaub, nach einem guten Essen, nach einem besseren Arbeitsklima. Einer wünscht sich, einen Berg zu besteigen, der andere, entspannt im Wasser zu schwimmen. All diese Wünsche locken uns aus der Passivität heraus. In unseren Wünschen kommen wir mit den Fähigkeiten in Berührung, die in uns liegen. Wer sich mit dem Vorhandenen zufrieden gibt, der wird nie entdecken, wozu er fähig ist. Wünsche locken unsere Fähigkeiten hervor. Sie führen uns über die selbst gesteckten Grenzen hinaus und zeigen uns, wozu wir fähig sind. „Wünsche sind Vorgefühle der Fähigkeiten, die in uns liegen, Vorboten dessen, was wir zu leisten imstande sein werden" (Johann Wolfgang von Goethe).

# WÜNSCHE, DIE VORHALTEN

■ ■ ■

Es gibt Wünsche, die in Erfüllung gehen. Wenn ich mir zum Geburtstag ein ganz konkretes Geschenk wünsche, werde ich es vermutlich auch bekommen. Rainer Maria Rilke war ein Dichter der menschlichen Seelenkräfte. Er hat viel über das Wünschen nachgedacht. In einem seiner schönsten Texte heißt es:

„Wünschen, das soll man nicht aufgeben.
Ich glaube, es gibt keine Erfüllung,
aber es gibt Wünsche,
die so lange vorhalten,
das ganze Leben lang,
dass man ihre Erfüllung
doch gar nicht abwarten könnte."

Die Wünsche, die Rainer Maria Rilke meint, gehen weiter als unsere alltäglichen, anlassbezogenen Wünsche. Es sind Wünsche, die kein Geschenk zufrieden stellen kann. Es sind die Wünsche unserer Sehnsucht, die über diese Welt hinausgehen.

Das deutsche Wort „Wunsch" gehört zur Wortgruppe „gewinnen", das im Althochdeutschen noch die Bedeutung hat: „durch Anstrengung, Arbeit oder Kampf zu etwas gelangen, schaffen, erringen, erlangen". Die Germanen waren offensichtlich überzeugt, dass ich mir meine Wünsche selbst erfüllen kann, dass es aber dafür der Anstrengung und des Kampfes bedarf. Die indogermanische Wurzel, die dem zugrunde liegt, verweist noch auf eine andere Spur: „umherziehen, streifen, nach etwas suchen oder trachten". Sie bezieht sich ursprünglich auf die Suche nach Nahrung. Doch die Suche nach Nahrung war für die Germanen offensichtlich ein Symbol für das Suchen der Seele. Man muss sich immer wieder auf den Weg machen, um weiterzusuchen. Man findet nie die Nahrung, die für das ganze Leben reicht. So müssen wir immer weiterwünschen. Kein Geschenk erfüllt alle unsere Wünsche. Kein Erfolg stellt uns endgültig zufrieden. Rainer Maria Rilke fordert uns auf, das Wünschen nicht aufzugeben. Dabei kommt es ihm gerade auf die Spannung an, die einen nicht erfüllten – vielleicht sogar einen nicht erfüllbaren – Wunsch auszeichnet. Denn unsere Wünsche halten uns lebendig.

Es gibt zwar Menschen, die wunschlos glücklich sind. Aber die Gefahr ist, dass sie sich vorschnell zufrieden geben mit dem, was sie erreicht haben.

Wünsche, deren Erfüllung man gar nicht abwarten kann, gehen über das Vordergründige hinaus. Sie zielen auf das wahre Glück, das wir nicht in diesem Leben, sondern erst in der Vollendung erfahren.

# UNMÖGLICHES WIRD MÖGLICH

■ ■ ■

Dichter und Humoristen sehen die Wirklichkeit anders. Sie zeigen die Wahrheit im Paradox: „Du siehst Dinge – und fragst: Warum? Ich dagegen sehe Dinge, die nie wirklich waren, und ich frage: Warum nicht?" In diesem Satz des großen Satirikers und Menschenkenners George Bernard Shaw wird die Kraft der Phantasie deutlich. Shaw legt die Wirklichkeit schaffende Macht der Träume, ja die Utopie, in unsere Macht.

Es ist schon viel, die Dinge nicht einfach so hinzunehmen, wie sie sind, sondern danach zu fragen, warum sie so sind. Das Fragen lässt mich die Dinge besser verstehen. Doch G. B. Shaw ist Dichter. Er sieht Dinge, die nie wirklich waren. In seiner Dichtung bildet er nicht nur die Wirklichkeit ab, so wie sie ist. Er schafft vielmehr eine eigene Welt. Und wenn Kritiker diese Welt in Frage stellen, fragt er zurück: Warum nicht? Warum sollte nur die Welt existieren, die wir sehen? Warum sollten nicht auch unsere Phantasien wirklich sein? Warum sollte unsere Sehnsucht nicht die gleiche Realität haben wie unser Ärger und unsere Traurigkeit? Wer es wagt, Dinge zu sehen, die er nicht in der Wirklichkeit antrifft, der verändert die Welt. Die Phantasie, die das Unmögliche erträumt, bereitet den Weg dafür, dass das Unmögliche möglich wird. Was wir uns ausdenken, sind nicht bloße Hirngespinste. In den Bildern, die unser Verstand formt, erahnen wir eine Welt, die zwar noch nicht existiert, dennoch aber Wirklichkeit werden kann. Die Bilder, die in uns entstehen, sind wirklich, auch wenn sie noch nicht greifbar sind. Bilder verändern die Welt.

# DEM UNSICHTBAREN NÄHER

■ ■ ■

In der romantischen Dichtung Friedrich von Hardenbergs leuchtet uns überall die blaue Blume entgegen. Sie macht das Unsichtbare sichtbar. Sie lässt das Unaussprechliche sprechen. Die Dichtung vermittelt, was Novalis in den Satz gekleidet hat: „Wir sind mit dem Unsichtbaren näher als mit dem Sichtbaren verbunden." Hinter diesem Satz stand eine einschneidende existentielle Erfahrung. Seit dem Tod seiner geliebten Braut fühlte sich der junge Novalis dem Unsichtbaren näher verbunden als dem Sichtbaren. Der Dichter ging als Fremdling über die Erde. Doch auf seinem Weg erlebte er immer wieder die unbeschreibliche Freude, wenn ihm das Unsichtbare erschien und der Himmel sich über ihm öffnete. Sein tragisches Liebesschicksal deutet er als „Beruf zur unsichtbaren Welt".

Die Geliebte trug den Namen Sophie. Sie wurde für den Dichter zur Quelle der Weisheit und zur Brücke in die jenseitige Welt, die seine eigentliche Welt war. In seinen Dichtungen nimmt er uns mit in diese ganz andere Welt, um in uns die Sehnsucht nach der göttlichen Liebe zu wecken, die in dieser Welt überall und nirgends aufleuchtet und erfahrbar wird. Seine Wanderung über diese Welt wurde von der Gewissheit getragen: „Wo gehen wir denn hin? – Immer nach Hause."

# WANDLUNG

■ ■ ■

Sehnsucht ist der Anfang aller Wandlung. Und dies ist etwas ganz anderes als Veränderung. Die Veränderung ist etwas für Macher, Planer und Aktivisten. Wandlung wird nicht gemacht: sie geschieht. Wandlung will nicht die Dinge in den Griff bekommen, Fehlerhaftes abstellen oder mit Gewalt vermeiden. Sie arbeitet nicht mit Getöse, sondern bedächtig und leise. Denn was wächst, macht keinen Lärm.

Wenn wir gelassen akzeptieren, was wirklich ist, und nichts verdrängen, dann kann das Wunder geschehen, von dem viele Märchen erzählen. Dann erleben wir plötzlich und ohne unser Zutun das Erlösende, das Befreiende, das Andere. Da wird aus dem Frosch ein Prinz und aus dem Aschenputtel eine Prinzessin. Da kommt der arme junge Mann über Nacht zu unermesslichem Reichtum. Da wird das unscheinbare Mädchen zu einer wunderschönen Königin. Der Kuss des Prinzen weckt Dornröschen aus ihrem Schlaf und schenkt ihr ein neues, glückliches Leben.

Die Märchen wissen, dass es für das Leben kein Rezept gibt. Umwege und Irrwege sind nicht ausgeschlossen. Es gibt kein Programm und keinen Meisterplan. Wir können nichts tun. Ein anderer tut es an uns. Wandlung geschieht in der Begegnung, in der Liebe. Der wohlwollende Blick des anderen verwandelt uns. Wenn uns die Liebe begegnet, gehen wir erneuert daraus hervor. Ein anderer Mensch kann etwas aus uns herauslieben, was vorher verborgen in uns geschlummert hat. Liebe weckt in uns eine Kraft, die uns unser eigenes Geheimnis entdecken lässt.

Aber auch die Bibel ist voll von solchen Geschichten, die Verheißungen sind: Dass das Meer zu trockenem Land und zu festem Boden wird. Dass aus einem harten Felsen plötzlich Wasser strömt, ein Stein zur Quelle neuen Lebens wird. Dass die Wüste plötzlich blüht, dass ein Dornbusch zum strahlenden Ort göttlicher Gegenwart wird. Dass wir in unserer Armseligkeit zum Abbild der Herrlichkeit werden.

Nicht wir vollbringen dieses Wunder. Gott tut es an uns. Wir müssen nur der Spur unserer Sehnsucht folgen, die uns zu ihm zieht, und uns ihm hingeben. Wer sich auf den Weg macht, dessen Sehnsucht wird gestillt. Er wird den Segen erfahren.

# VOM DUFT DER DINGE

■ ■ ■

Jedes Ding hat seinen eigenen Duft. Wenn wir einen bestimmten Duft riechen, erinnern wir uns an das, was uns einmal tief bewegt hat. Riechen ist ein sehr mit Emotionen verbundener Sinn. Ich erfahre es immer wieder selbst: Wenn ich Heu rieche, denke ich an Urlaub. Wenn ich Weihrauch rieche, fallen mir Weihnachten und Dreikönig ein, wie wir sie als Kinder gefeiert haben, und ich ahne dabei auch etwas vom Geheimnis des Göttlichen, wie es mir etwa in den Kirchen auf dem Berg Athos aufgegangen ist, die voll von Weihrauchduft sind.

Schon vom Wort her hat Sehnsucht etwas mit dem Duft, dem Dunst, der Luft, dem Tau zu tun. Denn das griechische Wort für Sehnsucht *epithymía* hat die Wurzel *thymós* = „Rauch, Duft, Wind". Aber auch die Erfahrung zeigt uns, dass Sehnsucht und Duft zusammengehören. Wer einen bestimmten Duft riecht, etwa das Parfüm einer Frau, in die er verliebt war, in dem steigt die Sehnsucht nach dieser Frau auf oder vielmehr die Sehnsucht nach der Liebe, die er damals spürte. Jedoch: Weder die Liebe noch der Duft sind greifbar. Sie verweisen über das Sichtbare, Berührbare hinaus auf etwas, das ich nicht mehr greifen kann. Diese Sinneserfahrung weitet mein Herz und führt mich über das Konkrete hinaus.

Der Rauch eines Feuers steigt zum Himmel empor. Wenn ich ihm nachblicke, ahne ich etwas von Weite und Unendlichkeit. Dann steigt in mir die Sehnsucht auf. Auch die biblischen Dichter kennen diese Erfahrung. Der Psalmist etwa betet: „Wie ein Rauchopfer steige mein Gebet vor dir auf" (Psalm 141,2). Der Weihrauch, der zum Himmel steigt, ist wie ein Gebet, das mich nach oben, zum Himmel zieht. Der Rauch wird zum Bild der Sehnsucht, die mich über diese Welt hinausführt.

„Der Duft der Dinge ist die Sehnsucht, die sie in uns nach sich erwecken", schreibt Christian Morgenstern. Freilich spricht er dabei nicht von der Sehnsucht nach Gott, sondern von der Sehnsucht nach den Dingen. Was meint er wohl damit? Wenn ich eine Rose rieche, dann weckt ihr Duft in mir die Sehnsucht nach der Rose. Aber es ist nicht die Sehnsucht, die Rose zu besitzen, sie in der Hand zu halten oder gar zu zerreiben. Es ist vielmehr die Sehnsucht nach dem, wofür die Rose steht. Es ist die Sehnsucht nach Schönheit, nach Liebe, nach Reinheit, nach Vollkommenheit. Die Sehnsucht nach dem, dessen Duft wir riechen, möchte nicht das Ding besitzen, sondern nur erahnen, was darin an Verheißung steckt. Alles, was sich uns in der Natur darbietet, ist ein Symbol für etwas Geistiges. Nicht umsonst hat Jesus sein Wesen immer im Bild von „Dingen" ausgedrückt: „Ich bin der wahre Weinstock. Ich bin die Tür. Ich bin der gute Hirt. Ich bin das Brot des Lebens. Ich bin der Weg. Ich bin die Quelle." Der Duft, der den Dingen anhaftet, weckt in uns die Sehnsucht nach dem, was uns in allem aufscheint als Bild der Vollendung, als Bild des wahren Lebens.

# EIN OFFENER HIMMEL

■ ■ ■

Der „Kleine Prinz" von Antoine de Saint-Exupéry bewundert die Sterne nicht nur. Er liebt sie. Denn er wird durch sie an die Rose erinnert, die er liebt. Diese Rose wächst auf dem Planeten, auf dem der Kleine Prinz zu Hause ist. Von der Erde aus kann er sie zwar nicht sehen. Aber die Sterne erinnern ihn an sie. Deshalb sind die Sterne für ihn schön: „Die Sterne sind schön, weil sie an eine Blume erinnern, die man nicht sieht." Weil sie auf seine Rose hinweisen, haben sie teil an ihrer Schönheit.

Seit jeher bringen die Sterne die Menschen mit ihrer Sehnsucht in Berührung. In dem Internat, in dem ich als zehnjähriger Schüler lebte, erzählte uns der Schulleiter gelegentlich von der Zeit seiner Gefangenschaft in Afrika. Er stammte aus jener Generation, die im Krieg einschneidende Erfahrungen gemacht hatte. Wenn die Gefangenen in ihrem Lager zusammensaßen und sich von der Heimat erzählten, sang er ihnen gerne das Lied vor: „Heimat, deine Sterne". Das rührte diese hartgesottenen Soldaten zu Tränen. Die Sterne erinnerten sie daran, dass wir auf dieser Welt immer und überall daheim sind. Die Sterne, die sie am afrikanischen Himmel sahen, wurden auch von ihren Ehefrauen, von ihren Kindern, von ihren Freunden gesehen. Sie leuchteten auch über die ferne Heimat. So machte der Blick auf die Sterne die vermisste Heimat gegenwärtig. Manche mögen diese Melodie als sentimental empfinden. Aber wenn dieser gestandene Mann uns Kindern dieses Lied vorsang, ahnten auch wir etwas von dem Schmerz und der Lust, die sich mit dem Gefühl der fernen und doch nah herbeigewünschten Heimat verbinden kann.

Heimat wird im Heimweh, in der Erfahrung des Verlustes, als der positive Ort imaginiert, wo man verstanden wurde und dazugehörte, als der Ort, an dem man gerne war; dorthin hofft man zurückzukehren; man sehnt sich danach, dort wieder leben zu können. Im emotionalen Pathos dieser Heimweh-Melodie, in dem Text, der die Trennung zu überwinden versuchte, klang es auf. Erlebte Vergangenheit und ersehnte Zukunft verbinden sich und werden eins.

Die Romantiker sprachen von der „Blauen Blume". Für den Dichter Novalis ist die blaue Blume ein Inbegriff der Liebe, der Sehnsucht und der Verklärung. Blau ist die Farbe des Himmels, Symbol der Unendlichkeit. Der blaue Himmel, der sich über uns weitet, erinnert uns an diese Unendlichkeit, die unser endliches Leben umfängt. Manchmal ist der Himmel über uns verhangen, von dunklen Wolken verhüllt. Da sehnen wir uns danach, dass er sich über uns öffnet. Diese Sehnsucht sagt auch etwas aus, über die Ausrichtung unseres Lebens. Über die Richtung, in die wir aufbrechen können – als Zielrichtung des größeren Heimwehs nach dem wahren Ort des endgültigen Angenommenseins. Der offene Himmel lenkt unseren Blick auf jene uns übersteigende Wirklichkeit, die wir von Kindheit an mit dem Himmel als Ort göttlicher Transzendenz in Verbindung bringen. Die Sterne verweisen uns auf die blaue Blume unserer Sehnsucht. Sie leuchten am dunklen Himmel. Dadurch bekommt der Himmel einen besonderen Glanz. Darin ahnen wir etwas von dem, der unser Leben mit seinem göttlichen Glanz erfüllen wird.

# EIN TISCH, DER NIE LEER WIRD

■ ■ ■

Wir setzen uns an den Tisch, um zu essen und Gemeinschaft zu erleben. Wenn das Essen vorbei ist, wird der Tisch abgeräumt. Manchmal geht das Gespräch noch weiter. Doch irgendwann stehen wir dann auf und gehen an die Arbeit. Der Dichter Novalis spricht vom „Tisch der Sehnsucht, der nie leer wird". Er vergleicht also die Sehnsucht nicht mit dem Hunger, wie es viele tun, sondern mit der Speise, von der wir essen können. Sehnsucht nährt uns. Sie stärkt uns auf unserem Weg. Und Sehnsucht verbindet, so wie ein Mahl Gemeinschaft stiftet. Wer im Gespräch mit der Sehnsucht des anderen in Berührung kommt, der fühlt sich mit ihm in der Tiefe seines Herzens verbunden. Die Sehnsucht des anderen erinnert ihn an die eigene Sehnsucht. Sie öffnet und weitet sein Herz. Die Gemeinschaft am Tisch der Sehnsucht hat nichts Klammerndes an sich. Sie lässt frei. Sie öffnet den Himmel und schafft einen weiten Horizont. In der Sehnsucht spüre ich den anderen. Da erlebe ich mehr Nähe als durch die Übereinstimmung in der politischen Überzeugung. Sehnsucht bringt mich dem Herzen des anderen näher. Wenn ich die Sehnsucht des anderen spüre, erahne ich etwas vom Geheimnis, das ihn umgibt. Und das Geheimnis schafft Heimat, ein Heim, in dem man miteinander daheim ist. Der Tisch der Sehnsucht wird zum Haus der Sehnsucht, in dem wir wohnen und zu Hause sein dürfen.

# SEELENNAHRUNG

■ ■ ■

„Die Sehnsucht ist es, die unsere Seele nährt, und nicht die Erfüllung." Arthur Schnitzler hat das gesagt. Der österreichische Schriftsteller, ein psychologisch hochsensibler Arzt und scharfsinniger Beobachter der gesellschaftlichen „Seelenlagen", weiß nicht nur, was den Körper nährt. Er kennt auch die seelischen Bedürfnisse der Menschen. Natürlich war dieser Mann der feinen Gesellschaft auch jemand, der festliche Mahlzeiten und ein gutes Leben schätzte. Aber er wusste auch: Das ist keineswegs alles. Gute Speisen sättigen, sie geben dem Körper Kraft und Gesundheit und verschaffen Genuss. Aber die Seele braucht noch etwas anderes. Jesus spricht davon, dass wir nicht nur vom Brot leben, sondern von jedem Wort, das aus Gottes Mund kommt (vgl. Matthäusevangelium 4, 4). Das heilsame und heilbringende Wort kann die Seele nähren. Sehnsucht hat, so Arthur Schnitzler, eine ähnliche Qualität.

Mit der Seele verbinden wir die Vorstellung von Weite, Freiheit, Lebendigkeit, Geistigkeit. Die Seele will atmen. Die Sehnsucht ist wie der Atem der Seele. Sie greift über die Enge dieser Welt hinaus. Da gelangt sie in ihr Eigenes. Natürlich ist die Erfahrung der Erfüllung für die Seele wichtig. Die Seele braucht Orte, an denen sie genießen kann, an denen sie das Einswerden erfährt mit allem, was ist. Aber die Seele übersteigt diese Erfüllung. Es ist die Sehnsucht, die sie weiterbringt. Denn die Einheit, die sie manchmal erspürt, ist nicht beständig. Sie entschwindet ihr immer wieder. Völlig eins mit Gott wird die Seele erst im Tod werden. Solange sie hier lebt, braucht sie die Sehnsucht, die sie vorantreibt, die sie motiviert, damit sie weiterwandert auf dem inneren Weg. Die Sehnsucht ist wie das Brot, das vom Himmel kommt, um die Seele auf ihrem Weg von den irdischen Niederungen in die Höhe des Himmels zu nähren und zu stärken.

Eine ähnliche Erfahrung, wie sie Arthur Schnitzler beschreibt, hat wohl auch Erich Maria Remarque im Sinn, wenn er sagt: „Erfüllung ist der Feind der Sehnsucht." Wir sehnen uns nach Erfüllung. Aber wenn wir uns erfüllt fühlen, erschlafft die Sehnsucht und mit ihr unsere Seele. Doch wenn wir die Erfüllung nicht festhalten wollen, sondern sie einfach nur genießen, dann weckt sie in uns neue Sehnsucht. Insofern ist die Erfüllung nicht immer der Feind der Sehnsucht. Darauf kommt es an: Wie wir mit der Erfüllung umgehen, ob wir uns zufrieden zurücklehnen, oder ob wir uns von ihr auf neue Fährten weisen lassen.

# UNENDLICHE WEITE DES MEERES

■ ■ ■

Wer ein großes Werk schaffen will, braucht ein gutes Organisationstalent. Aber nicht allein und keineswegs in erster Linie. Der Fliegerpoet Antoine Saint-Exupéry meint sogar, das Wichtigste sei das, was über das konkrete Werk hinausgeht: „Wenn du ein Schiff bauen willst, so trommle nicht Leute zusammen, um Holz zu beschaffen, Werkzeuge vorzubereiten, Aufgaben zu vergeben und die Arbeit einzuteilen, sondern lehre sie die Sehnsucht nach dem weiten endlosen Meer."

Das klingt paradox. Wer vom weiten Meer träumt, wer die Sehnsucht nach dieser Weite in sich trägt, dem traut man harte Arbeit nicht zu. Und dennoch steckt in diesem Satz des französischen Dichters eine tiefe Wahrheit. Wer genau zu wissen meint, was ein Schiff ist, der wird eins der vielen Schiffe nachbauen, die schon existieren. Er wird sich einen Bauplan für das Schiff besorgen und diesen genau ausführen. Doch was ein Schiff sein könnte, erahnt nur der, in dem die Sehnsucht nach der Weite des Meeres lebt. Die Sehnsucht zeigt ihm ein Schiff, das ihn dorthin trägt. Nur das Schiff, das die Sehnsucht baut, atmet die Weite des Meeres.

Dass der Künstler die Sehnsucht braucht, um schöpferisch tätig zu sein, können wir alle verstehen. Das Kunstwerk geht ja über das Zweckbestimmte hinaus. Der Künstler darf sich seiner Phantasie und Kreativität hingeben. Ein Schiff jedoch dient einem bestimmten Zweck. Es muss funktionstüchtig sein, es muss fahren können und sicher sein in den Gefahren des Meeres. Und doch meint Saint-Exupéry, dass auch die Nutzgegenstände in unserem Alltag die Sehnsucht brauchen. Viele Erfinder haben zuerst ihrer Sehnsucht gehorcht, als sie ans Werk gingen. Sie wussten, wonach sich die Menschen sehnen. Und schafften dann etwas, das ihre Sehnsucht, wenn auch nicht erfüllt, so doch zumindest anspricht.

Wir brauchen nur einmal die Werbung im Fernsehen zu betrachten: Sie benutzt unsere Sehnsucht. Das Waschmittel wäscht ganz rein, das Parfüm verbreitet einen verführerischen Duft, das Auto lässt Freiheit atmen. Die Industrie gibt vor, unsere Sehnsucht zu erfüllen. Dafür muss sie aber um ihrer eigenen Interessen willen mit der Sehnsucht der Menschen in Berührung kommen. Erst dann kann sie ihre Produkte so formen, dass sie das Herz der Menschen berühren.

# AUF NEUE FREIHEIT HIN

■ ■ ■

„Der sensible Mensch leidet nicht aus diesem oder jenem Grunde, sondern ganz allein, weil nichts auf dieser Welt seine Sehnsucht stillen kann." Das hat Jean-Paul Sartre gesagt, ein Mensch, der immer wieder ganz konkret und politisch oft radikal seine Stimme in der Öffentlichkeit erhob, leidenschaftlich Menschenrechtsverletzungen anprangerte und laut protestierte, wo er Unrecht vermutete. Das tiefste Leid aber ist für den französischen Philosophen und existentialistischen Schriftsteller nicht das Leid der Verletzungen und Enttäuschungen unseres Lebens. Der Mensch ist für ihn von Natur aus ein Leidender, weil nichts auf dieser Welt seine Sehnsucht zu stillen vermag.

Die Unstillbarkeit der Sehnsucht gehört zum Wesen des Menschen. Sie ist gleichsam ein Grundexistential seines Lebens. In allem, worunter wir sonst leiden, an mangelnder Liebe, an Unverständnis, an der Einsamkeit, an der Ablehnung, an der Kränkung und Verletzung durch diejenigen, von denen wir Liebe und Geborgenheit erwarten, drückt sich letztlich unser Grundleiden aus: dass unsere Sehnsucht nach Liebe, nach Gemeinschaft, nach Angenommensein, nach Willkommensein, nach Gesundheit und Kraft nicht erfüllt wird.

Die Einsicht Jean-Paul Sartres bedeutet für mich aber auch noch etwas anderes: Jedes Leid erinnert mich daran, dass diese Welt meine Sehnsucht nicht zu stillen vermag.

Wenn ich mein eigenes Leid so verstehe, wird es erträglicher. Ich höre auf, mich in Selbstmitleid und selbstbezogene Wehleidigkeit zu vertiefen.

Das Leid relativiert sich für mich, es bekommt einen Sinn,

wenn ich mich von ihm über diese Welt hinausführen lasse zu Gott, der allein meine Sehnsucht zu stillen vermag.

Jedes Leid erinnert mich an meine Sehnsucht.

Durch die Sehnsucht wird das Leid verwandelt.

Es öffnet mein Leben auf eine neue Freiheit hin.

# SPRACHE DER VERWANDLUNG

■ ■ ■

Bengt Holmqvist, schwedischer Literaturkritiker und engster
Freund von Nelly Sachs, überschreibt seine Einführung in das
Werk der jüdischen Dichterin und Nobelpreisträgerin mit dem Titel: „Die Sprache der Sehnsucht". Sehnsucht ist für ihn das Schlüsselwort zum Verständnis ihrer Dichtung, ein Begriff, der tatsächlich in vielen ihrer Gedichte auftaucht. Dieses Urwort hat seine
wahre Bedeutung in der Mystik erhalten. Mystiker wie Jakob
Böhme sind überzeugt davon, dass in allem Geschaffenen die tiefe
Sehnsucht lebt, mit dem göttlichen Urgrund eins zu werden. Die
Romantik war eine Zeit der Sehnsucht. Doch im letzten Jahrhundert verlor der Begriff Sehnsucht seine tiefere, eigentliche Bedeutung. Er bekam einen negativen Beigeschmack und ließ Versagen
an der Wirklichkeit, Flucht vor der Realität mitschwingen. Fortan
mieden die Dichter dieses Wort. Doch Nelly Sachs wagt es, immer
wieder von der Sehnsucht zu sprechen. Sie wendet sich an den Engel der Bittenden:

„Segne den Sand,
lass ihn die Sprache der Sehnsucht verstehn,
draus ein Neues wachsen will aus Kinderhand,
immer ein Neues!"

Die Sprache der Sehnsucht ist eine Sprache der Verwandlung. Nelly
Sachs sieht in allem Geschaffenen die Sehnsucht nach etwas
Neuem und Unverfälschtem, nach dem Ursprünglichen. Selbst der
Sand soll die Sprache der Sehnsucht verstehen. Denn auch aus dem
Sand will Gott etwas Neues schaffen, seine Welt, wie er sie sich vor-
stellt.

Für Nelly Sachs sind ganz alltägliche Gegenstände – Herd und Wiege – „abgefallenes Stückgut der Sehnsucht". Auch in ihnen ist die Sehnsucht nach dem, was *eigentlich* gemeint ist. Der Herd meint die Sehnsucht nach Wärme, nach Heimat und Gemeinschaft. Die Wiege, in der das Kind geschaukelt wird, lässt an die Geborgenheit bei der Mutter denken. Damit ist keine rückwärtsgewandte Bewegung oder die Flucht in die Vergangenheit gemeint. Vielmehr erinnert die Wiege an unsere Sehnsucht, hier und jetzt bei Gott geborgen zu sein und einst das in Fülle zu erfahren, was wir in der Kindheit nur unbewusst wahrnehmen konnten: bedingungslos geliebt zu werden, geborgen zu sein und schaukeln zu können in der Leichtigkeit des Seins.

# IN DUNKELSTER NACHT

■ ■ ■

In den Gesprächen über die Sehnsucht kam oft ein Einwand zur Sprache: Ist Sehnsucht nicht schon an sich eher etwas Krankhaftes, etwas Morbides, etwas, das sich dem Tod zuneigt, ein Gefühl, mit dem man vor der Realität fliehen möchte? Das ist sicher ein berechtigter Einwand. Es gibt diese krankhafte Sehnsucht nach dem Tod. Weil das Leben nicht bringt, was ich erwarte, sehne ich mich nach dem Tod. Oder weil ich die Wirklichkeit nicht aushalte, wie sie ist, flüchte ich in eine Anderwelt. Aber auch wer dies romantische Sehnsucht nennt – eine solche Haltung ändert mein Leben nicht. Mein Leben bleibt chaotisch und unklar. Wenn Sehnsucht zur Flucht vor der Realität wird, dann macht sie uns eher krank. Das wichtigste Kriterium für eine gesund machende Sehnsucht ist, dass sie mitten aus der Realität heraus entspringt und dass sie mich befähigt, die Wirklichkeit meines Alltags mit größerer innerer Freiheit und Gelassenheit zu bestehen.

Aber wir müssen der Wirklichkeit ins Auge sehen. Bei den 15- bis 20-Jährigen in Westeuropa ist heute der Selbstmord zur zweiten Todesursache geworden. Erschreckend viele junge Menschen haben den Wunsch zu sterben. Ich denke besonders an die Jugendlichen, die keinen Sinn in ihrem Leben finden und in der Illusion, in der Idealisierung verharren. Dies liegt zum Teil daran, dass die Glückserwartung dieser Altersgruppe besonders groß ist und dass sie es nicht schafft, die Wirklichkeit zu akzeptieren, wie sie ist. Heutzutage neigen wir alle dazu, im Superlativ zu leben: man muss „der Beste" sein, „das Beste" tun.

Was tun wir mit diesen suizidgefährdeten Jugendlichen? Wir versuchen diese Menschen, die oftmals nur in ihrem Intellekt leben, dazu zu bringen, das Leben zu schmecken und zu fühlen: atmen, sehen, hören, sich bewegen … Es geht nichts über Gartenarbeit und einen festen Tagesplan! Das ist ein Weg. Und wenn ein Wunsch zu sterben auf einer geistlichen Verzweiflung beruht, müssen wir ihm einen anderen Weg weisen, ihm zeigen, dass Gott Liebe ist und jedem helfen kann. Selbst in der dunkelsten Nacht der Sehnsucht nach dem Tod kann es Licht geben.

Natürlich bleibt die Realität einer metaphysischen Nacht, das Mysterium des Bösen. Und natürlich bleibt die Sehnsucht nach Klärung letzter dunkler Fragen, die keine Psychologie klären oder auflösen kann. Die Verletzungen, die Menschen erfahren und einander zufügen, erklären nicht alles: Warum hassen die Menschen einander? Warum gibt es so viel Gewalt und Zerstörung? Warum gibt es Ungerechtigkeit und Elend?… Wir können nur feststellen, dass das Böse da ist und schauen, wie wir damit zurechtkommen. „Corruptio optimi pessima. – Die schlimmste Korruption ist die des Besten." Das Gleiche sagt die Bibel über Luzifer: Der Engel des Lichts – solange er bei Gott ist – wird, sobald er sich von ihm abwendet, zum Engel der Finsternis. Die Sehnsucht nach Erlösung bleibt.

# EIN LICHT ANZÜNDEN

■ ■ ■

Viele Menschen heute machen die Erfahrung einer seelischen Nacht. Aber das ist nur ein Teil der Realität. Ich spüre dies auch bei Menschen, die in meine Vorträge und Seminare kommen. Manche haben Beziehungsprobleme, andere sind physisch oder psychisch krank; andere wiederum haben so viel Angst und fühlen sich so bedrängt von einer feindlichen Welt, dass sie ihren Platz auf dieser Erde nicht mehr finden. Aber ich glaube nicht an die vollkommene Nacht. In uns allen ist eine Sehnsucht, ein Streben nach Licht. Dass diese Menschen herkommen, bedeutet, sie haben noch einen Hoffnungsschimmer, auch wenn sie fürchten, von der Nacht ganz eingehüllt zu werden.

Mir scheint, dass zur Zeit die Sehnsucht nach Erleuchtung – und das heißt nach Lebendigkeit, nach Angstfreiheit, nach Begegnung mit der Wirklichkeit – bei vielen Zeitgenossen sehr stark ist. Viele suchen hartnäckig nach ihr, selbst ohne es zu wissen. Mich macht bei Vorträgen oder Gesprächen glücklich, wenn ich sehe, wie sich die Gesichter der Menschen mit der Zeit erhellen. Und aus der therapeutischen Praxis und der geistlichen Begleitung von Menschen wissen wir: Ein Depressiver, der einen Lichttraum hat, beginnt zu genesen.

Wer in seinem Leben das Licht anzündet und den Sinn seines Daseins begreift, vertreibt die Angst, verscheucht seine Illusionen und bereichert sein Leben. Es macht auf diesem Hintergrund eines bildhaften Denkens viel Sinn, dass man die Taufe im frühen Christentum „Erleuchtung" nannte. Der erleuchtete Mensch ist ein lebendiger Mensch. Christliche Symbolik spricht übrigens nicht umsonst vom Licht des Glaubens. Auch der abendliche Gesang der Mönche greift dieses Symbol auf: Bei der Komplet zünden wir das Licht an, damit uns die Abendfinsternis nicht verschlingt.

# IN DER NACHT UNSERER SEELE

■ ■ ■

In Hölderlins Roman „Hyperion" schreibt der Held an seinen Brieffreund Bellarmin von einer tiefen Erfahrung, die der Dichter wahrscheinlich selbst gemacht hat: Es ist die deprimierende Erfahrung der Nacht: „Es gibt ein Verstummen, ein Vergessen alles Daseins, wo uns ist, als hätten wir alles verloren, eine Nacht unserer Seele, wo kein Schimmer eines Sterns, wo nicht einmal ein faules Holz uns leuchtet."

Wir alle machen die Erfahrung der Dunkelheit. Die Nacht, die Hölderlin meint, bedeutet in buchstäblichem Sinne Verfinsterung. Sie ist die Begegnung mit der Ahnung von Vernichtung, Wertlosigkeit, Depression, Verzweiflung und Einsamkeit. Wir sehnen uns in einer solchen Situation, in der wir nicht mehr weitersehen, nach einem Ausweg, nach Licht. Die Erfahrung der Nacht in diesem negativen Sinne gibt es sicherlich. Aber sie ist nicht alles.

Ich unterscheide zwischen Nacht und Schatten. Schatten, die uns quälen, dunkle Seiten, die wir an uns erkennen und an denen wir leiden, sind nicht alles. Der Schatten ist der Teil von mir, den ich nicht beherrschen kann und mit dem ich mich versöhnen muss. Selbst den Hass – der wirklich zu den dunklen Seiten in uns gehört, weil er auf Zerstörung aus ist – sollten wir nicht leugnen. Hass kann man auch als Schatten der Liebe begreifen. Er wird nicht zerstörerisch, wenn wir ihn anschauen und zu verstehen lernen. Unsere Schatten haben ihre Rechtfertigung. Darum ist es gefährlich, sie von uns zu trennen.

Mit seinen Schattenanteilen kann man sich versöhnen. Das geschieht, indem man beginnt, zu erkennen, dass sie ihre Daseinsberechtigung haben, dass sie nicht an sich schlecht sind. Wenn wir unsere Schatten direkt bekämpfen wollen, riskieren wir uns zu verausgaben, denn die Kräfte, die sich hier beteiligen, sind stärker. Wir müssen unsere Schatten in unser Leben integrieren, sie zähmen, mit ihnen reden: Wie lange ist dieser Schatten schon da? Weshalb?

Und ich kann mir aber auch immer sagen, dass ich mit allen meinen dunklen Seiten, meinem Neid und meinen Härten in der Hand Gottes bin.

# GETRIEBEN ODER RESIGNIERT

■ ■ ■

„Die Menschen sind oft frustriert, wenn sie entdecken, dass ihre
tiefste Sehnsucht niemals verschwindet. Sie heiraten und träumen
schließlich von einem anderen Partner. Sie ziehen an einen schönen
Ort und wünschen sich bald, sie könnten anderswo sein. Sie lieben
ihre Kinder, wünschen sich aber, sie kämen den idealen Kindern,
auf die sie einst hofften, näher. Sie haben das Geld, die Karriere und
das Heim, alles, was sie sich immer wünschten, und doch ist all das
nicht genug, um den Motor der Sehnsucht zu bezwingen, der un-
aufhörlich irgendwo unter dem Herzen summt."

Die Erfahrung, die Thomas Moore, früher Mönch, heute The-
rapeut und Dozent, hier beschreibt, wirkt vertraut. Die Sehnsucht
nach Liebe treibt uns vielleicht an, den geliebten Partner, die geliebte Partnerin zu heiraten. Doch schon bald merken wir, dass die
Ehe unsere Sehnsucht nicht erfüllen kann. Wir sehnen uns dann
nach einer faszinierenderen Frau, nach einem vitaleren Mann.
Doch auch diese würden unsere Sehnsucht nicht erfüllen.

Wir können entweder resignieren und uns damit begnügen,
dass das Leben nicht mehr hergibt. Oder wir werden getrieben, immer neue Partnerinnen oder Partner zu suchen. Es gibt eine Möglichkeit, aus diesem Dilemma herauszukommen. Sie besteht darin,
unsere Sehnsucht, die die Liebe in uns weckt, auf Gott zu richten.

Thomas Moore sieht die enge Verknüpfung unserer Sexualität
mit der Sehnsucht: „Unsere tiefere menschliche Sexualität wird nur
dann erfüllt werden, wenn wir entdecken, dass der Geliebte, den
wir suchen, göttlich ist und nicht gefunden werden kann." Sehnsucht und gelebte Sexualität sind keine Gegensätze. Die Sehnsucht
ersetzt die Sexualität nicht, sondern sie gibt ihr erst ihre Tiefe. Sie
ermöglicht es uns, die Sexualität so zu leben, dass sie uns auf das ei-

gentliche Geheimnis unseres Lebens verweist: auf die göttliche Dimension. Thomas Moore geht sogar so weit, das Bett einen Betstuhl zu nennen, einen „Ort des physischen Gebets, inspiriert von Sehnsucht und getragen von Freude. Kein Altar ist heiliger." Was er meint: Nur wenn uns unsere Sexualität auf das Numinose verweist, enttäuscht sie uns nicht, sondern hält uns lebendig auf unserem Weg zu Gott hin.

# EINHEIT UND EINFACHHEIT

■ ■ ■

Eine Ursehnsucht des Menschen zielt auf Einheit und Einswerden. Der Ort, an dem der Mensch heute das Einssein am intensivsten erfährt und ersehnt, ist das Einswerden in der Sexualität. Da gelingt es ihm manchmal, sich zu vergessen und ganz eins zu werden mit dem Geliebten. Die Psychologin Verena Kast meint, die Sehnsucht nach dem Einswerden mit dem Du sei letztlich immer auch die Sehnsucht nach der eigenen Vollständigkeit, nach der ursprünglichen Ganzheit. Diese Sehnsucht nach Einheit und Einswerden hat der griechische Philosoph Platon in einem eindrucksvollen Bild beschrieben, dem Mythos vom Kugelmenschen. Der Mensch war demnach ursprünglich eine Kugel, eine runde Ganzheit. Nachdem die Kugel in zwei Teile zersprang, sehnt sich der Mensch seither nach seiner ursprünglichen Ganzheit zurück.

Ein anderes Bild, das Platon gefunden hat, ist das Höhlengleichnis. Die Seele kommt aus der göttlichen Sphäre. Sie ist hier in die Höhle des Leibes verbannt. Sie sieht nur die Schatten, die das Urlicht in der Höhle wirft, und sehnt sich zurück nach ihrer Heimat, wo sie ganz sie selbst sein kann, nicht mehr behindert durch den Leib. Die griechische Philosophie hat diese Sehnsucht nach Einheit immer wieder entfaltet. Sie hat eine eigene Philosophie des „Tò Hén", des „Einen", entworfen.

Die Sehnsucht nach Einheit und Einswerden wurde von der christlichen Einheitsmystik aufgegriffen, wie sie die griechischen Kirchenväter Gregor von Nyssa und Dionysos Areopagita entwickelt haben. Der Mystiker strebt danach, mit Gott eins zu werden. Wenn ich mit Gott eins bin, bin ich auch eins mit mir – und eins mit der ganzen Schöpfung. Und ich bin einverstanden mit meinem Leben, mit allem, was ist. In solchen Momenten der

Einheitserfahrung ist meine Sehnsucht gestillt. Doch diese Erfahrung dauert immer nur einen Augenblick. Dann leide ich wieder an meiner Zerrissenheit, an meiner Isolation und Einsamkeit. Und die Sehnsucht wird wieder lebendig.

# PARADIESISCH

■ ■ ■

„Ich hasse die Einsamkeit wie Adam, als er sehnsüchtig und allein
umherirrte im irdischen Paradies." Die lateinamerikanische Dichterin Gioconda Belli, von der dieser Satz stammt, versteht Adam als
den einsamen Menschen. Gott hat ihn geschaffen und ins Paradies
versetzt, doch das genügt ihm nicht. Er fühlt sich allein. Gott hat
Mitleid mit ihm und erschafft aus seiner Rippe Eva. In ihr erkennt
Adam seine Gefährtin: „Das endlich ist Bein von meinem Bein und
Fleisch von meinem Fleisch" (Genesis 2,23). Vorher hatte Adam
alle Geschöpfe mit Namen genannt und über sie geherrscht. Doch
alle Macht und alle Schönheit der Welt sind ihm nicht genug. Er
spürt in sich eine tiefe Sehnsucht nach Ergänzung. Der Mann sehnt
sich nach der Frau, ohne sie fühlt er sich unvollständig.

Gioconda Belli kennt offensichtlich diese Einsamkeit. Es mag
einem nach außen hin noch so gut gehen, ohne die Erfahrung eines Freundes oder einer Freundin irrt man allein und voller Sehnsucht in dieser Welt umher. Die Sehnsucht der Frau nach dem
Mann und des Mannes nach der Frau ist manchmal so stark, dass
man sich als allein umherirrend erlebt. Man kann anfangen, was
man möchte. Weder Besitz noch Erfolg kann sich messen mit der
Erfüllung, die der Mann durch die Frau und die Frau durch den
Mann erlebt. Ungestillte Sehnsucht treibt den Mann an, nach der
Frau zu suchen, und die Frau, sich nach einem Mann umzusehen.
Doch sobald die Sehnsucht erfüllt wird, erleben beide: Die Liebe
weckt immer neue Sehnsucht, und der andere kann sie nie ganz
zufrieden stellen.

Wenn ich nachts von meinen Vorträgen nach Hause fahre,
schalte ich manchmal das Radio ein, um nicht einzuschlafen, und
suche einen Sender mit klassischer Musik. Doch den finde ich um

diese Zeit meistens nicht. So bleibt mir nichts anderes übrig, als mir die Schlager anzuhören, die viele Sender bringen. Sie singen meistens von der Liebe, aber zugleich auch von dem Schmerz, den die Liebe zufügt, von der unstillbaren Sehnsucht nach absoluter Liebe und Geborgenheit, nach Einswerden mit dem anderen, ohne die Angst, verlassen zu werden. Diese Schlager wissen davon: Die Sehnsucht nach Liebe ist die stärkste Sehnsucht im Menschen. Adam hatte gehofft, dass durch Eva sein Leben wirklich zum Paradies würde. Aber schon kurze Zeit später werden beide aus dem Paradies vertrieben. Sie erfahren, dass ihr Leben Mühsal ist und dass sie nur Staub sind und zum Staub zurückkehren müssen (Genesis 3, 19). Und die Sehnsucht lebt weiter.

# ES SCHWINDELT MIR, ES BRENNT

■ ■ ■

„Nur wer die Sehnsucht kennt,
weiß, was ich leide!
Allein und abgetrennt
Von aller Freude,
seh ich ans Firmament nach jeder Seite.
Ach! Der mich liebt und kennt
ist in der Welt.
Es schwindelt mir, es brennt
mein Eingeweide.
Nur wer die Sehnsucht kennt,
weiß, was ich leide!"

Dieses Gedicht gehört zu den bekanntesten Texten der deutschen Literatur. Goethe drückt die Sehnsucht eines Menschen aus, der unter der Trennung von dem Menschen, den er liebt, leidet. So schaut er auf zum Himmel, bald hierhin und bald dorthin. Er wird schwindlig vom Schauen. Und es brennt in seinem Innern. Indem Goethe seinen Zustand schildert, sucht er die Gemeinschaft mit dem Leser.

„Nur wer die Sehnsucht kennt, weiß, was ich leide!" Offensichtlich ist die Erfahrung der Sehnsucht die Voraussetzung dafür, dass ich Menschen verstehe, die verliebt sind und sich von ihrem Geliebten getrennt fühlen, die lieben und deren Liebe nicht erwidert wird, die in ihrer Liebe auf Missverständnisse stoßen, die die Liebe in Frage stellen.

Goethe spricht nicht davon, dass ich die gleiche Liebeserfahrung machen muss, um den Verliebten und sein Leid zu verstehen. Die Sehnsucht genügt. In der Sehnsucht weiß ich, was Liebe ist, und kenne das Leid derer, die sich in ihrer Liebe einsam fühlen und voller Zweifel sind, ob ihre Liebe erwidert wird.

Die Sehnsucht bringt mich dem Leidenden näher. Wenn ich sie erfahre und spüre, leide ich selbst an dem Zwiespalt zwischen Wunsch und Erfüllung.

So verstehe ich in meiner Sehnsucht alle Menschen, die an der Nichterfüllung ihrer Sehnsucht leiden, wie sie mit jeder Erfahrung von Liebe notwendigerweise verbunden ist.

# DER LIEBE UNENDLICHE FÜLLE

Der junge Dichter Friedrich von Hardenberg nannte sich selbst Novalis: einer, der Neuland unter den Pflug nimmt. Es liegt ein eigenartiger Glanz auf der Dichtung dieses zu früh verstorbenen romantischen Dichters, des Erfinders der blauen Blume. Als er mit fünfundzwanzig Jahren seine Braut verlor, nahm er innerlich von dieser Welt Abschied und sehnte sich danach, seiner Geliebten in den Tod zu folgen. Seine Dichtung ist geprägt von dieser Sehnsucht nach der anderen Welt:

> „Hätten die Nüchternen
> Einmal gekostet,
> Alles verließen sie,
> Und setzten sich zu uns
> An den Tisch der Sehnsucht,
> Der nie leer wird.
> Sie erkennten der Liebe
> Unendliche Fülle,
> Und priesen die Nahrung
> Von Leib und Blut."

Novalis lädt also seine Leser ein an den Tisch der Sehnsucht. Am Tisch der Sehnsucht erkennen sie die unendliche Fülle der Liebe, die unserem Leben erst seinen wahren Glanz verleiht. Wer von dieser Liebe gekostet hat, der lässt alles Äußere hinter sich, seinen Beruf, seinen Besitz, um sich an den Tisch der Sehnsucht zu setzen.

Wer die Gedichte und Romanfragmente des Dichters liest, nimmt an dem Tisch der Sehnsucht Platz, den Novalis für uns deckt, damit wir Anteil haben an seiner Sehnsucht nach einer

Liebe, die uns verzaubert und uns in das Reich der unendlichen Liebe führt.

Die Sehnsucht nach dieser Liebe klingt in vielen Worten auf, die Novalis uns als Fragmente hinterlassen hat. Da sagt er von den Märchen: „Alle Märchen sind nur Träume von jener heimatlichen Welt, die überall und nirgends ist." Die heimatliche Welt, das ist die Welt der Liebe. In jeder menschlichen Liebe leuchtet die göttliche Liebe auf. Und nur wo diese göttliche Liebe in menschlicher Liebe aufscheint, ist Heimat.

In den Märchen träumen wir von dieser heimatlichen Welt. Sie ist überall und nirgends. Sie ist dort, wo wir sind. Unser Leben wird zur Heimat, wenn wir Märchen lesen. Aber zugleich ist nirgends unsere Heimat. Wir können sie nicht festhalten. Immer wieder entschwindet sie unseren Händen.

Novalis war nicht nur Dichter, sondern auch Philosoph, der sich über viele Themen Gedanken machte. „Die Philosophie ist eigentlich Heimweh – Trieb, überall zu Hause zu sein", sagt er. Wie die Dichtung ist auch die Philosophie erfüllt von Heimweh nach der Heimat. Novalis nennt sie den Trieb, überall zu Hause zu sein.

Wenn ich über die Welt nachdenke, wenn ich im Denken das Eigentliche entdecke, dann bin ich überall zu Hause.

Dort, wo mir im Denken das Geheimnis aufgeht, entsteht Heimat. Denn daheim sein kann man nur, wo das Geheimnis wohnt.

# LIEBESHUNGRIG

■ ■ ■

Den Zusammenhang von Liebe und Sehnsucht sieht auch Goethe. Er überschreibt ein Gedicht, aus dem wir seine Beschäftigung mit islamischer Dichtung erkennen können, mit dem Titel „Heilige Sehnsucht":

„Sag es niemand, nur den Weisen,
Weil die Menge gleich verhöhnet,
Das Lebendge will ich preisen,
Das nach Flammentod sich sehnet.

In der Liebesnächte Kühlung,
Die dich zeugte, wo du zeugtest,
Überfällt dich fremde Fühlung,
Wenn die stille Kerze leuchtet.

Nicht mehr bleibest du umfangen
In der Finsternis Beschattung,
Und dich reißet neu Verlangen
Auf zu höherer Begattung.

Keine Ferne macht dich schwierig,
Kommst geflogen und gebannt,
Und zuletzt des Lichts begierig,
Bist du Schmetterling verbrannt.

Und so lang du das nicht hast,
Dieses: Stirb und werde!
Bist du nur ein trüber Gast
Auf der dunklen Erde."

Goethe spricht von der erotischen Liebe, vom sexuellen Akt des Einswerdens. Doch in der sexuellen Liebe gibt es ein Streben nach Höherem, ein neues Verlangen. Der Mensch, der in der Liebe eins wird mit dem Geliebten, fühlt sich wie ein Schmetterling, der sich nach der unendlichen Weite sehnt und nach dem Licht, mit dem er eins werden möchte. Liebeshungrig stürzt sich dieser in die Flamme, um mit ihr eins zu werden mit dem All.

Der Schmetterling ist schon bei Teresa von Ávila ein Symbol für die mystische Dimension des Menschen, für die Sehnsucht nach dem Einswerden mit Gott. Dieses Einswerden geht nur über das Überwinden des eigenen Ich. Die heilige Sehnsucht, von der Goethe spricht, ist letztlich die Sehnsucht nach Gott. Goethe spricht gerne vom „Empor". Der Mensch hebt seine Augen „empor", zum Himmel, von dem ihm Hilfe kommt. In einem Gespräch erklärt Goethe diesen Blick der Sehnsucht als wesentlich zum Menschen gehörend:

„Der Mensch, wie sehr ihn auch die Erde anzieht mit ihren tausend und abertausend Erscheinungen, hebt doch den Blick forschend und sehnend zum Himmel auf, der sich in unermesslichen Räumen über ihm wölbt, weil er es tief und klar in sich fühlt, dass er ein Bürger jenes geistigen Reiches ist, woran wir den Glauben nicht abzulehnen noch aufzugeben vermögen."

Goethe nimmt die Erdverhaftung des Menschen ernst. Doch zugleich sieht er den Menschen mit einer unendlichen Sehnsucht ausgestattet, die ihn dazu treibt, seinen Blick sehnend zum Himmel zu erheben. Der Mensch ist nicht nur Bürger dieser Erde, sondern auch eines jenseitigen Reiches. Und nur wenn er diese beiden Seiten in sich wahrnimmt, vermag er ganz Mensch zu werden.

Goethe sieht diese beiden Pole immer zusammen. Wir bräuchten heute seinen Blick, der die ganze Gestalt des Menschen sieht.

Denn nur wenn wir auf das Ganze des Menschen sehen, auf seine Erdhaftigkeit und seine Weltjenseitigkeit, werden wir ihm gerecht.

# IN UNSEREM HERZEN DIE LIEBE

■ ■ ■

Jeder Mensch sehnt sich danach, zu lieben und geliebt zu werden. Ich höre immer wieder Menschen darüber klagen, dass niemand sie liebt, dass sie keinen haben, der sie einmal in den Arm nimmt. Sie sehnen sich nach einem Menschen, der sie zärtlich streichelt, von dem sie sich geliebt fühlen, für den sie der wichtigste Mensch auf der Welt sind. Wenn diese Sehnsucht ins Leere geht, bleiben sie oft im Selbstmitleid gefangen.

Da können die Worte des französischen Dichters Antoine de Saint-Exupéry verblüffend klingen, die in einem seiner Briefe stehen: „Ich sagte dir schon, die Sehnsucht nach Liebe ist Liebe."

Die Sehnsucht nach Liebe ist bereits Liebe? Dieser Satz hat in der Tat etwas Tröstliches, wenn man seiner Wahrheit auf den Grund geht. In der Sehnsucht nach Liebe drücke ich ja aus, dass ich liebesfähig bin. Die Sehnsucht nach Liebe enthält also bereits Liebe. Ich erfahre in der Sehnsucht die Liebe, nach der ich mich sehne. Auch wenn ich die Liebe nicht spüren kann, so kann ich doch die Sehnsucht spüren. Ich kann meine Hand aufs Herz legen und die Sehnsucht nach Liebe fühlen, die in meinem Herzen auftaucht.

Peter Schellenbaum hat in seinen Büchern immer wieder auf die enge Verbindung von Sehnsucht und Liebe hingewiesen. Es gibt keine Liebe ohne Sehnsucht und keine Sehnsucht ohne Liebe. Wir bringen Sehnsucht und Liebe auch mit der gleichen Körperstelle in Verbindung, „nämlich mitten in der Brust auf der Höhe des Herzens, da, wo die an Liebe und Sehnsucht Leidenden ihre Hände hinpressen". Wir vergewissern uns mit dieser Gebärde, dass in unserem Herzen die Liebe strömt, nach der wir uns sehnen.

Gerade die Spannung der Sehnsucht macht die Liebe wertvoll und erfüllt sie mit einer unergründlichen Tiefe. Wenn Liebesglück und unsägliches Sehnsuchtsleid so eng nebeneinander liegen, dann zeigt das auch: Die Liebe weist immer schon über sich hinaus. In ihr sehnen wir uns immer auch nach absoluter und bedingungsloser Liebe, nach ewiger Lust, die kein irdischer Partner, keine irdische Partnerin uns je geben kann.

# LEIDENSCHAFT

■ ■ ■

Der Philosoph Georg Wilhelm Friedrich Hegel schrieb: „Es ist nichts Großes ohne Leidenschaft vollbracht worden, noch kann es ohne solche vollbracht werden." Der Psychologe Philipp Lersch nennt Leidenschaften starke Bestrebungen, die den Menschen über sich hinaus führen. In dem starken Drang, der den Menschen antreibt, etwas zu tun, ist die Sehnsucht mit der Leidenschaft verwandt. Beide sind sie eine starke Motivationskraft, positiv wie negativ nutzbar.

Die frühen Mönche sahen die Leidenschaften als gefühlsbetonte Gedanken, Antriebe und Kräfte, die Menschen ganz mit Beschlag belegen. Daher gehört entscheidend zum spirituellen Leben, mit den Leidenschaften gut umzugehen – sie für den Weg zu Gott zu nutzen, hinter den Begierden die Sehnsucht zu sehen und positiv einzusetzen.

Der begehrliche Anteil wird von drei Grundtrieben bestimmt: dem Essen, der Sexualität und dem Streben nach Besitz. Es sind Triebe, die der Mensch zum Leben braucht. Aber sie können ihn auch beherrschen. Dann wird das Essen zur Völlerei, die Sexualität zur Unzucht und das Streben nach Besitz zur Habsucht. Auf keinen Fall sollte jedoch die spirituelle Dimension dieser Triebe aus dem Blick geraten: Im Essen kommt letztlich unsere Sehnsucht zum Ausdruck, mit Gott eins zu werden. In der Sexualität steckt die Sehnsucht nach Ekstase – Ziel des spirituellen Weges ist es, in der Ekstase der Liebe eins zu werden mit Gott. Und Besitz ist die Sehnsucht nach Ruhe; wahre Ruhe erleben wir aber nur in Gott.

# HEILIGE RUHE

■ ■ ■

In unserer hektischen Zeit sehnen sich die Menschen nach Ruhe. Sie möchten endlich einmal den fremden Ansprüchen entgehen, die sie zu zerreißen drohen. Sie möchten abschalten und nicht mehr von der Hetze des Alltags bestimmt werden. Manche meinen, diese Ruhe sei das Gegenteil der Sehnsucht. Denn wenn ich ruhig werde, bin ich mit mir zufrieden. Dann höre ich auf, mich nach Heimat und Geborgenheit, nach Liebe und Geliebtwerden zu sehnen. Der romantische Dichter Friedrich Schlegel sieht jedoch Ruhe und Sehnsucht als Einheit. In seinem Roman Lucinde lässt er die Freundin ihren Freund fragen: „Julius, warum fühle ich in so heitrer Ruhe die tiefe Sehnsucht?" – „Nur in der Sehnsucht finden wir die Ruhe", antwortet Julius. „Ja, die Ruhe ist nur das, wenn unser Geist durch nichts gestört wird, sich zu sehnen und zu suchen, wo er nichts Höheres finden kann als die eigne Sehnsucht." Demnach kommt der Geist nicht dann zur Ruhe, wenn er nichts mehr denkt und nichts mehr will, sondern wenn er sich sehnt. Es ist ein Paradox: Indem sich der Geist sehnt, d. h. sich ausstreckt nach dem, was ihn übersteigt, erfährt er Ruhe. Friedrich von Schlegel spricht von heiliger Ruhe, einer Ruhe, die in das Heilige hineinreicht. Julius findet diese heilige Ruhe nur in der Sehnsucht. Und Lucinde antwortet ihm: „Und ich in dieser schönen Ruhe jene heil'ge Sehnsucht."

# WANDERN UND BLEIBEN

■ ■ ■

„Das ist mein Streit:
Sehnsuchtgeweiht durch alle Tage schweifen.
Dann, stark und breit, mit tausend Wurzelstreifen
Tief ins Leben greifen
Und durch das Leid weit aus dem Leben reifen,
weit aus der Zeit!"

Es ist ein ungewohntes Bild, das Rainer Maria Rilke hier vom menschlichen Leben zeichnet: Wir sind dazu bestimmt, unsere Tage sehnsuchtsvoll zu leben, ja wir sind der Sehnsucht geweiht. Die Sehnsucht ist also etwas Heiliges. So wie wir uns Gott weihen, so sind wir der Sehnsucht geweiht. In der Sehnsucht sind wir von Gott berührt. Aber dieses Geweihtsein, dieses Heiligsein durch die Sehnsucht, drängt uns dazu, durch die Tage zu schweifen, uns nirgends festzusetzen, immer weiterzugehen.

Das ist der eine Pol unseres Lebens.

Der andere Pol besteht darin, Wurzeln in dieser Welt zu schlagen. Wir sollen uns ins Leben einwurzeln, tief in den Boden unseres Lebens eindringen. Doch der Baum, der aus den Wurzeln sprießt, wächst über diese Zeit hinaus.

Für Rilke ist es das Leid, das unseren Baum reifen lässt. Dieses zeigt uns, dass wir hier keinen letzten Grund haben. Der Baum unseres Lebens greift über unsere Zeit hinaus ins Ewige hinein. In dieser Spannung müssen wir leben: zwischen der Sehnsucht, die uns immerzu wandern lässt, und dem Drang uns einzuwurzeln.

Das Paradox unseres Lebens liegt darin, dass uns die Wurzeln, die wir in dieser Welt schlagen, über diese Welt hinaustragen. So wie der Baum seine Wurzeln tief in die Erde eingräbt, um seine

Krone immer höher in den Himmel hinauszustrecken, so verwurzeln auch wir uns tief im Leben, um dem Jenseitigen, dem Göttlichen entgegenzuwachsen.

Wandern und Bleiben – beides ist Ausdruck unserer Sehnsucht und unseres Leids in dieser Welt, die unsere Sehnsucht nie zufrieden stellt.

# „BEHALT DAS HERZ DES WANDERERS"

Unterwegs zu sein, das ist eines der Urbilder menschlichen Lebens: Wir sind Wanderer, die wandernd sich ständig wandeln. Wir können nicht stehen bleiben. Aber oft möchten wir das Herz des Wanderers ablegen und uns in dieser Welt einrichten. Wir bauen ein Haus und glauben, darin zu Hause zu sein. Aber kein Haus kann uns wirkliche Geborgenheit schenken. Es ist immer nur Heimat auf Zeit. Auch wenn wir immer am gleichen Ort sind, bleiben wir Wanderer. Im frühen Mönchtum gab es Mönche, die ihr Leben lang wanderten. Sie drückten damit aus, dass unser Leben ein ständiges Wandern auf Gott zu ist. Der heilige Benedikt setzte dagegen auf die *stabilitas*, auf das Bleiben an einem Ort. Aber er nahm den Gedanken der inneren Wanderschaft ernst. Seine Mönche verstanden das Schweigen als Auswandern aus der Welt. *Peregrinatio est tacere*, sagten sie: „Wandern ist Schweigen." Sie wussten, dass der Mensch innerlich stehen bleibt, wenn er das Herz des Wanderers aufgibt. Auch wenn wir immer am gleichen Ort wohnen, in der gleichen Familie leben, in der gleichen Firma arbeiten, brauchen wir das Herz eines Wanderers, damit wir Mensch bleiben. Schweigen ist eine Möglichkeit, immer wieder auszuwandern aus dem Gerede, das uns umgibt.

„Behalt das Herz des Wanderers. Schütze deine Sehnsucht", so lautet ein Rat von Gisela Dreher-Richels.

Damit das Herz des Wanderers in uns lebendig bleibt, müssen wir unsere Sehnsucht schützen. Wie soll das gehen? Ist die Sehnsucht nicht wesentlich mit unserem Menschsein gegeben? Warum muss ich sie dann schützen? Offensichtlich meint Gisela Dreher-Richels, dass unsere Sehnsucht gefährdet ist. Wenn wir uns hier zu sehr einrichten, wenn wir uns zu sehr mit dem Vordergründigen beschäftigen, kann sie verschüttet werden. Wie aber können wir die Sehnsucht schützen? Drei Ratschläge gibt Gisela Dreher-Richels:

„Lass selbst die Schönheit, wenn sie festhält.
Schlaf nicht zu lang in gesicherten Wänden.
Niste nur ein als Zugvogel sehnsüchtig nach anderem Land."

Alles, was uns festhält, kann die Sehnsucht verstellen. Wir dürfen auf unserem Weg immer wieder stehen bleiben, um die Schönheit dieser Welt zu genießen. Aber wir dürfen dabei nicht die Sehnsucht verlieren. Die Schönheit, die wir erleben, verweist auf die absolute und nicht mehr zu überbietende Schönheit Gottes. Wir müssen weiter wandern, um diese Schönheit zu suchen, die uns immer wieder entgegenstrahlt.

In gesicherten Wänden schläft, wer meint, er könne sich gegen alles absichern. Ihm könne nichts passieren. Er lullt sich ein in den Schlaf und verdrängt die Gefährdung des Menschen. Er möchte sie nicht sehen. Er schläft an gegen den Tod. Wir dürfen immer nur auf dem Weg schlafen, um uns auszuruhen. Dann wird sich die Sehnsucht auch im Schlaf zu Wort melden in Träumen, die unser Herz weiten und uns von neuem auf den Weg schicken.

Wir sind Zugvögel. Unser Nest ist nur ein Nest auf Zeit. Wir sind auf dem Weg in ein anderes Land.

Jesus hat das seinen Jüngern in einem Bildwort zu verstehen gegeben: „Die Füchse haben ihre Höhlen und die Vögel ihre Nester; der Menschensohn aber hat keinen Ort, wo er sein Haupt hinlegen kann" (Lukasevangelium 9,58). Wer Jesus nachfolgen will, muss sich bewusst machen, dass er hier keine bleibende Stätte hat, kein Nest und keine Höhle, in die er sich für immer zurückziehen kann. Er ist auf dem Weg, bis er seine ewige Heimat findet.

Wir sind Zugvögel, aber keine Nesthocker, Zugvögel, die „sehnsüchtig nach anderem Land" Ausschau halten und darauf zufliegen.

# BIS UNSER HERZ RUHIG WIRD

■ ■ ■

Für Augustinus, den großen Denker der frühen Christenheit, ist die Sehnsucht das Grundexistential des Menschen. Er weiß: Alle Endlichkeit und Vorläufigkeit verlangt nach Unendlichkeit, nach Endgültigkeit, nach dem Ewigen. Gott selbst hat uns die Sehnsucht nach ewiger Gemeinschaft mit ihm ins Herz gelegt. Ob wir wollen oder nicht, in allem, wonach wir leidenschaftlich suchen, sehnen wir uns letztlich nach Gott. Wenn wir mit allen Kräften nach Reichtum trachten, so wird der Besitz unsere Sehnsucht nicht erfüllen. In der Suche nach Reichtum steckt die Sehnsucht nach Ruhe. Aber das Fatale ist, dass der Besitz uns besessen macht und noch mehr in die Unruhe treibt. Wenn wir nach Erfolg streben, so verbirgt sich dahinter die Sehnsucht, wertvoll zu sein. Aber wir wissen zugleich, dass kein Erfolg unsere Sehnsucht zu stillen vermag. Unseren eigentlichen Wert erfahren wir erst in Gott. Jeder Mensch sehnt sich im Grunde danach, geliebt zu werden und selbst zu lieben. Wir brauchen nur in der Zeitung zu lesen, um zu entdecken, wie viele solcher Sehnsüchte unbefriedigt bleiben oder in Einsamkeit und Verzweiflung enden. Und dennoch steckt in jeder kleinen Liebe, auch in der ganz und gar sexuellen Liebe die Sehnsucht nach der absoluten Liebe. Wir kennen alle das berühmte Wort des Augustinus: „Unruhig ist unser Herz, bis es Ruhe findet in dir, mein Gott." Der Mensch ist erfüllt von einem unstillbaren Hunger nach absoluter Heimat, nach unbegrenzter Geborgenheit, nach dem verlorenen Paradies. Auch wenn sich das menschliche Verlangen äußerlich auf andere Ziele richtet, so ist das letzte Ziel immer unendlich. Auch bei Menschen, die sich selbst nicht als fromm oder gläubig bezeichnen, pocht diese Sehnsucht nach mehr, nach dem ganz Anderen, nach dem, der allein genügt. Wenn wir unsere Wün-

140

sche und Sehnsüchte zu Ende denken, werden wir letztlich immer auf die Sehnsucht nach Gott stoßen. Augustinus hat zeit seines Lebens gesucht: zuerst in der Beziehung zu einer Frau, dann in der Philosophie, in der Wissenschaft, im Erfolg, in der Freundschaft. Und am Ende musste er sich eingestehen, dass das letzte Ziel seines Suchens Gott war. Erst als er ihn gefunden hatte, kam sein Herz zur Ruhe. Und er sagte von sich: „Ich glaube nicht, dass ich etwas finden kann, wonach ich mich so sehne wie nach Gott."

# ZU EINFACH?

■ ■ ■

Die Sehnsucht nach Einheit drückt sich heute auch aus in der Sehnsucht nach der Einfachheit. Für viele Menschen ist das Leben zu kompliziert geworden. Sie sehnen sich nach dem einfachen Leben. Das ist nicht nur eine Idee, die die Romantiker verkündet haben. Noch heute spricht diese Sehnsucht nach der Einfachheit im Lebensstil viele Menschen an. Das Leben zu vereinfachen, das ist heute ein Schlagwort geworden. Mit der Vorstellung „einfacher leben" verbindet der evangelische Pfarrer Werner Tiki Küstenmacher auch ein Ideal: „glücklicher leben". Sein Buch „Simplify your life" wurde zu einem Bestseller. Er rät den Lesern, ihr Leben zu vereinfachen, die Beziehungen zu entwirren, die Wohnung zu entrümpeln, die Zeit zu entschleunigen und sich selbst in der Einfachheit zu entdecken. Das ist wirklich zu begrüßen, und es kann Menschen auch wirklich entlasten, wenn sie Ballast abwerfen und nach dem Wesentlichen in ihrem Leben suchen.

Die grundlegende Sehnsucht nach Einfachheit kann allerdings auch gefährliche Formen annehmen. Weil die Welt immer komplizierter wird und die Antworten auf die schwierigen Fragen unserer Zeit immer vielfältiger, sehnen sich viele Menschen nach einfachen Antworten. Sie laufen Gurus nach, die ihnen einfache Antworten auf ihre Fragen geben und die Welt in ein paar Grundgedanken erklären. Die Sehnsucht nach dieser Einfachheit verführt auch scheinbar gebildete Menschen. Nicht selten verraten sie ihre Vernunft und verkaufen obendrein ihre Grundsätze. Im Dritten Reich hat eine völkische Weltanschauung viele Intellektuelle in die Hände Hitlers getrieben. Auch die marxistische Ideologie hat mit einfachen Welterklärungsmodellen intelligente Menschen in ihren Bann gezogen. Heute führt diese Sehnsucht nach einfacher Weltdeutung viele Menschen in die Fänge der Sekten. Die Struktur dabei ist immer gleich: Das eigene Denken wird aufgegeben. Verantwortung wird an eine andere Instanz delegiert. Freiheit wird in der Selbstaufgabe gesucht.

Es ist zwar auch eine Ursehnsucht in uns, in Freiheit zu denken. Aber offensichtlich können viele mit dieser Freiheit nichts anfangen. Sie sehnen sich zurück nach der Einfachheit. Doch die einfachen Antworten verengen unser Denken und rauben uns die Freiheit. Ich habe neulich mit einem jungen Mann gesprochen, der einer christlichen Sekte angehörte. Seine Mutter schickte ihn zu mir, weil sie nicht mehr mit ihm zurecht kam. Als wir über einige Bibelstellen diskutierten, merkte er natürlich, dass er mit seinen vorgefertigten Deutungen nicht durchkam. Als Theologe kannte ich mich schließlich doch besser in der Bibel aus als er. Als er auf alles allzu einfache Antworten parat hatte, sagte ich ihm: „Du kannst denken, was du willst. Das ist dein gutes Recht. Ich möchte dich auch nicht bekehren. Aber eines kann ich nicht haben: Wenn man nicht mehr denken darf, dann ist das für mich die größte Beeinträchtigung des Menschen. Und das hat sicher nichts mit dem Geist Jesu zu tun. Jesus hat nicht einfach die Gedanken der anderen kopiert, sondern er hat seinen eigenen Verstand eingeschaltet und mit seinen eigenen Augen gesehen." Karl Rahner hat einmal gesagt, Denkfaulheit sei keine Gabe des Heiligen Geistes. Natürlich sehnen wir uns alle nach klaren Aussagen und einfachen Lösungen. Aber die Gefahr bei der Sehnsucht nach einfachen Antworten ist, dass der Mensch sein Denken aufgibt, weil es ihm zu anstrengend wird, die Komplexität der Wirklichkeit denkend auszuhalten. Damit gibt er zugleich seine Freiheit auf. Wer sein Denken einstellt, wird nicht zum Einklang mit sich selbst und mit der Welt kommen. Im Gegenteil: Er steht in Gefahr, zum Einheitsmenschen zu werden, der austauschbar und manipulierbar wird.

# LEBEN STATT GELEBT ZU WERDEN

■ ■ ■

Hinter meiner Sucht die Sehnsucht zu erkennen, Sucht in Sehnsucht zu verwandeln – das ist der erste Schritt, von einer Sucht loszukommen. Dann aber braucht es auch Disziplin. Gerade weil mich meine Sehnsucht lehrt, die Realität anzunehmen, wie sie ist, verlangt sie nach Disziplin. Darin steckt das Wort *discipulus*, Schüler. Zur Realität meines Lebens gehört es, dass ich mein Leben lang ein Lernender, ein Schüler, bin. Die Sucht verlängert das Verwöhntwerden, das Verbleiben im Mutterschoß. Die Disziplin führt mich in das Leben ein. Sie lehrt mich, mein Leben selbst in die Hand zu nehmen, mir klare Ordnungen zu schaffen.

Disziplin meint im Lateinischen die Lehre, den Unterricht, aber auch die Zucht, die Ordnung und die Methode, mit der ich an etwas herangehe. Manche meinen, es komme von *discere* = lernen. Aber vermutlich ist die Wurzel *capere* = nehmen. *Dis-cipere* heißt dann zergliedern, um zu erfassen. Ich nehme etwas in die Hand. Ich gliedere es, ich teile es auf, um es zu verstehen, um zu sehen, was darinnen ist. Disziplin ist nicht etwas Passives, dem ich mich unterwerfe, sondern etwas Aktives. Ich nehme mein Leben in die Hand. Ich schaue es mir an und überlege, wie ich es so gliedern kann, dass ich wirklich lebe, dass ich selbst *lebe*, anstatt gelebt zu werden.

Weil Disziplin und Ordnung früher übertrieben wurden, haben wir jahrzehntelang die Disziplin eher vernachlässigt. Wir dachten, ohne Disziplin auskommen zu können. Damit haben wir aber etwas vom alten Lebenswissen preisgegeben: Ein Mönchsspruch lautet: „Wer ohne Methode kämpft, kämpft vergeblich." Um auf dem Weg des Lernens und des Erwachsenwerdens weiterzukommen, braucht man klare Methoden. Der Psychologe John Bradshaw meint: Disziplin ist die Kunst, das Leid des Lebens zu verringern.

Ohne Disziplin leidet der Mensch an sich selbst, an seinem inneren und äußeren Durcheinander. Und Hildegard von Bingen spricht davon, dass uns die Disziplin dazu führen möchte, uns immer und überall freuen zu können. In der Disziplin lernen wir, unser Leben in die Hand zu nehmen, es zu gestalten und zu formen.

Die Griechen sprechen von *áskesis*. Askese ist die Übung, das Training. Der Sportler trainiert, um sein Ziel zu erreichen. Der Philosoph trainiert sich in die innere Freiheit. Die Erkenntnis der eigenen Sehnsucht hinter der Sucht genügt nicht. Sucht ist nicht ohne Askese zu verwandeln. Askese ist nicht einfach Verzicht, sondern ein bewusstes Einüben in die innere Freiheit. Dazu gehört auch der Verzicht. Ohne Verzicht, so sagen die Psychologen, kann das Kind kein starkes Ich entwickeln. Wer seine Bedürfnisse sofort befriedigen muss, wird nie erwachsen. Ich muss meinen Mangel aushalten. Dann werde ich meine Fähigkeiten entwickeln. Askese gibt mir das Gefühl, nicht einfach Opfer meiner Erziehung zu sein, sondern mein Leben selbst gestalten zu können. Askese stiftet Lust am Leben. Ich habe Lust, mich zu trainieren, meine Fähigkeiten aus mir herauszulocken. Ohne diese Lust am Leben ist die Sucht nicht zu überwinden. Nur wer in der Askese lernt, ein Bedürfnis aufzuschieben, kann wirklich genießen. Askese steigert den Genuss, während Sucht uns daran hindert, wirklich zu genießen.

# „BINDE DEINEN KARREN
AN EINEN STERN!"

■ ■ ■

Wer einen Karren fährt, muss gut auf den Weg achten. Sonst stürzt der Karren um. Wir schieben den Karren vor uns her und schauen nach unten, damit wir die Hindernisse sehen, die auf dem Weg liegen. Leonardo da Vinci gibt uns einen anderen Rat: „Binde deinen Karren an einen Stern!" Was bedeutet es, das Alltägliche, das wir tun, an einen Stern zu binden? Dieser große und geniale Künstler der Renaissance ist überzeugt: Wir müssen uns an den Sternen orientieren, nicht am Boden. Sonst – so meint er – werden wir blind. Leonardo selbst hat seinen Karren an einen Stern gebunden. Das hat ihn dazu befähigt, über den engen Horizont seiner Zeit hinauszusehen. Leonardo war nicht nur ein genialer Maler, dessen Gemälde vom Letzten Abendmahl schon zu seiner Zeit als Wunder galt. Er hat auch mit seiner Fähigkeit, die Wirklichkeit neu zu betrachten, geniale Erfindungen gemacht. Auf allen Gebieten hat er geforscht, als Anatom, als Botaniker und Zoologe, als Geologe, Hydrologe und Aerologe, als Optiker und Mechaniker. Der Stern, an den er seinen „Karren" gebunden hat, führte ihn weit über das damals Bekannte und Erkannte hinaus und machte ihn zum Wegbereiter moderner Naturforschung.

Wenn wir wie Leonardo unseren Karren an einen Stern binden, entgehen wir der Gefahr, nur noch in der Banalität und Durchschnittlichkeit unseres Alltags zu leben. Zwar müssen wir den Karren schieben, damit wir unsere Last dorthin bringen, wo wir sie abladen können. Aber wenn wir in unserem alltäglichen Tun nur auf den Boden starren, wird unser Leben dumpf werden. Wir müssen in der Welt mit einem Herzen leben, das über diese Welt hinaus weist. Nur dann können wir es in dieser Welt aushalten. Und nur dann wird uns unsere Arbeit nicht frustrieren. Wer den Karren aus dem Dreck zieht, ist möglicherweise enttäuscht, wenn schon nach kurzer Zeit neue Hindernisse auftauchen.

Wer aber seinen Karren an einen Stern bindet, der sieht über die Hindernisse hinweg und bleibt nicht an ihnen haften. Sein Ziel liegt jenseits des Augenscheinlichen und Banalen. Deshalb kann er seinen Karren in Gelassenheit und Freiheit weiterziehen. Weil sein Herz an den Stern geheftet ist, verliert es die Dumpfheit des Alltags. Es wird leicht. Es erhebt sich über die täglichen Hindernisse, mit dem gelassenen Wissen um den Stern, der ihm leuchtet und der auf einen anderen Horizont hinweist, auf ein jenseitiges Land.

Die Sehnsucht ist keine Flucht vor dem Alltag. Sie ermöglicht es uns, ja zu sagen zur Durchschnittlichkeit und Banalität unseres Lebens. Weder unser Beruf noch unsere Familie, weder unsere Partnerschaft noch unsere Freundschaften müssen unsere Sehnsucht restlos erfüllen. Sie wecken vielmehr unsere Sehnsucht nach einer Erfüllung, die uns das Leben hier nie zu bieten vermag. Aber weil wir die Erfüllung nicht hier suchen, sind wir nicht enttäuscht, wenn wir der Brüchigkeit in unseren Beziehungen und in unserem Tun begegnen. Wir gehen weiter. Wir genießen, was wir erleben, aber der Weg führt uns durch Erfüllung und Enttäuschung hindurch weiter an den Ort, an dem wir für immer die grenzenlose Fülle genießen werden.

# IV.
## GRÖSSER ALS UNSER HERZ

# DER SPRUNG INS WEITE

■ ■ ■

Vor etwa dreißig Jahren habe ich einmal ein Sensitivity-Training gemacht. Darin kam ich mit meinen eigenen, auch verdrängten Gefühlen – und mit den unerfüllten Bedürfnissen meiner Kindheit in Berührung. Das löste eine Krise bei mir aus. Ich spürte eine tiefe Enttäuschung und hatte das Gefühl, in meinem Leben zu kurz gekommen zu sein. Doch einige Zeit später, als ich im Urlaub einmal allein an einem See saß und auf die Wellen schaute, überkam mich auf einmal ein tiefer Friede. Ich konnte auf einmal einverstanden sein mit all den unerfüllten Bedürfnissen und konnte mir sagen: „Es ist gut, dass du nicht satt geworden bist. Das hält dich wach und lebendig, das hält dich offen auf Gott hin. Vielleicht wärst du sonst verbürgerlicht und hättest halbwegs zufrieden dahingelebt. Aber du hättest deine eigentliche Berufung nie entdeckt."

Ich sehe meine Berufung heute darin, die Sehnsucht in meinem Herzen wach zu halten, damit ich auf Gott hin offen bleibe und damit mein Herz auch gegenüber den Menschen weit wird. Und es ist die Sehnsucht, die das Herz weit werden lässt. Auch gegenüber den Menschen. Das weite Herz hat Raum für die anderen. Es verurteilt nicht. Es hat das Leben mit seinen Desillusionierungen und Enttäuschungen erfahren und angenommen. Aber es hat sich dabei nicht zusammengezogen. Es hat die Enttäuschungen als Chance genutzt, den Absprung in eine größere Weite zu finden.

Es gibt viele Wege, sich mit den Kränkungen der Lebensgeschichte zu versöhnen. Wenn ich die Wunden meiner Lebensgeschichte als Entfacher meiner Sehnsucht verstehe, kann ich mich mit ihnen aussöhnen. Sie bleiben Wunden. Sie werden auch immer wieder wehtun. Aber ich versinke dann nicht in Selbstmitleid, sondern ich sage mir: „Die Wunde schmerzt. Aber im Schmerz komme ich in Berührung mit meiner Sehnsucht nach wirklicher Heilung, nach endgültigem Heilsein und Ganzsein." Dann bin ich frei von dem Druck, meine Verletzungen so aufzuarbeiten, dass sie nicht mehr auftauchen. Sie dürfen sich in mir zu Wort melden. Sie erinnern mich immer wieder an die Sehnsucht, die in mir ist. Und sie bringen mich in Berührung mit meinem Herzen, in dem diese Sehnsucht lebt und das gerade durch die Sehnsucht lebendig ist und weit und voller Liebe.

Nur wer sich ehrlich seiner Situation stellt, für den wird auch die Sehnsucht wachsen – als Kraft, der eigenen Enge zu entkommen. Nichts anderes ist Spiritualität.

Spiritualität besteht für mich darin, der Spur meiner eigenen Lebendigkeit zu folgen, meiner Sehnsucht zu trauen, ihr auf den Grund zu gehen und mich von ihr in die Weite und in die Freiheit, in die Liebe und in die Lebendigkeit führen zu lassen.

# RELIGIÖS HEIMATLOS

■ ■ ■

Gäste, die zu uns ins Kloster kommen, um mit uns zu leben, erzählen mir oft, dass sie ihre religiöse Heimat verloren haben. Sie fühlen sich in ihrer Pfarrgemeinde nicht zu Hause. Manche sind aus der Kirche ausgetreten, weil sie dort keine Heimat mehr fanden. Ihre Sehnsucht nach einer religiösen Heimat bleibt dennoch bestehen. Sie sehnen sich nach Menschen, die einen spirituellen Weg gehen und sie auf ihrem eigenen Weg unterstützen. Sie sehnen sich nach einer Liturgie, in der sie sich zu Hause fühlen, in der sie sich angesprochen und in ihrem Herzen berührt fühlen, in der sie sein dürfen, wie sie sind, mit ihren Licht- und Schattenseiten. Oft haben sie allerdings die gegenteilige Erfahrung machen müssen: Sie fühlten sich beurteilt. Der moralisierende Ton der Predigt gab ihnen das Gefühl, dass sie so, wie sie sind, nicht gut sind. Sie haben die Erfahrung gemacht, dass sie erst dann in ihrer Kirche willkommen sind, wenn sie ihr Verhalten geändert haben. Ihre Sehnsucht nach einer religiösen Heimat richtet sich deshalb auf einen spirituellen Raum, in dem sie mit ihrer eigenen spirituellen Sehnsucht in Berührung kommen, in dem sie sich mit ihrem Glauben und ihrem Zweifel ernst genommen fühlen, in dem sie sich mit ihrem Suchen und Ringen angenommen wissen.

In vielen Menschen erlebe ich diese Sehnsucht nach religiöser Heimat. Es ist keine Sehnsucht nach dem Kinderglauben oder nach der heilen religiösen Welt der Kindheit. Es ist vielmehr eine Sehnsucht, die nach vorne schaut, die Sehnsucht danach, dass das Herz weit wird, offen für Gott, offen für das Geheimnis. Und es ist die Sehnsucht danach, dass ihr Herz berührt wird von Gott, dass die innere Ahnung des Herzens angesprochen wird in der Art und Weise, wie Liturgie gefeiert und wie von Gott und vom Menschen geredet wird. Es tut mir oft weh, dass für viele Menschen die Kirche nicht mehr die religiöse Heimat ist. Und ich sehe es als meine Aufgabe an, durch Vorträge und in Büchern den Menschen einen Raum offen zu halten, in dem sie sich zu Hause fühlen, in dem sie das Geheimnis entdecken, das sie „daheim" sein lässt.

# EIN WEG ZUM WEITEN HERZEN

■ ■ ■

Viele Menschen haben heute ein tiefes Verlangen nach einer gesunden Spiritualität. Nach einer Spiritualität, die nicht pessimistisch oder drohend-moralisierend ist. Nach einer menschenfreundlichen und optimistischen Haltung, die den Menschen wirklich dort abholt, wo er steht. Konkret heißt das: Viele Menschen erleben sich heute innerlich zerrissen. Viele können mit ihren inneren Ängsten und depressiven Stimmungen schlecht umgehen. Sie suchen nach einer Kraft, die sie weiterführt. Nach einem Glauben, der sie stützt und weiterträgt, in einen Raum, in dem ihre Ängste und Unsicherheiten keine Macht mehr haben. Was sie am allerwenigsten brauchen können, sind bedrohliche Verurteilungen. Ich erlebe immer wieder: Viele Menschen verurteilen sich selbst. Sie meinen, sie müssten eigentlich viel reifer oder je nach Sprachgebrauch: viel frommer sein. Diese Menschen brauchen nicht den moralisierenden Zeigefinger. Sie brauchen Wohlwollen. Sie brauchen Erfahrungen und Orte, die ihnen deutlich machen: Das tut mir gut. Das tut meiner Seele und meinem Herzen gut. Hier finde ich Nahrung für meine tiefsten und echtesten Wünsche. Auf diesem Weg kann ich weitergehen. Er führt ins Freie.

Spiritualität führt immer in die Weite und Freiheit. Angst und Enge, autoritäres Pochen auf Glaubenswahrheiten und unklare Machtausübung sind immer Zeichen mangelnder Spiritualität. Spiritualität ist Erfahrung. Sie will uns zur Erfahrung einer inneren Freiheit führen, zur Erfahrung, dass wir zwar in dieser Welt, aber nicht von ihr sind, dass niemand Macht über uns hat, weil wir einen göttlichen Kern haben. Das ist Mystagogie: den Menschen, der sich heute nach spiritueller Erfahrung sehnt, in die Erfahrung des unaussprechlichen Gottes einzuweisen und ihm so zu seiner wahren Würde zu verhelfen. Denn der Mensch wird erst Mensch, wenn göttliches Leben in ihm strömt. Die Begegnung mit diesem Geheimnis führt zum Geheimnis des eigenen Lebens.

Dabei ist es wichtig, dass Menschen zunächst erfahren: Es darf so sein, wie es ist. Und dass sie dann den Mut spüren weiterzufragen: Wie gehe ich mit meinen Schwächen um? Wie kann ich mich letztlich mit meiner Lebensgeschichte aussöhnen? Spirituelle Begleitung ist wichtig. Sie führt auf einen Weg, auf dem ich beides erfahre: Hier komme ich zu mir selbst und über mich hinaus. Es ist ein Weg der Freiheit und der Lebendigkeit. Benedikt von Nursia hat gesagt: „Der spirituelle Weg führt zum weiten Herzen." Nicht das enge, das weite Herz ist ein Zeichen echter Spiritualität.

# WEIT – AUCH IN DER ENGE

■ ■ ■

Eine alte Geschichte erzählt von einem Mönch, der plötzlich von der Sehnsucht nach der weiten Welt gepackt wird. Er bittet für drei Monate um Urlaub, um in die große Stadt zu gehen. Er will den engen Mauern seines Klosters entfliehen, der Enge seiner Brüdergemeinschaft, in der immer nur die gleichen Probleme verhandelt werden. Drei Monate möchte er sehen, was in der Welt geschieht. Seine Brüder bestürmen ihn nach seiner Rückkehr voll Neugier: „Was hast du gesehen?"

Sie hatten offensichtlich die gleiche Sehnsucht wie ihr Bruder, der es wagte, das Reglement der klösterlichen Ordnung zu durchbrechen. Sie möchten teilhaben an dem, was er erlebt hat. Sie möchten im Zuhören etwas von der Weite der Welt spüren.

Die Antwort des Bruders lautet: „Ich habe vieles gesehen. Vieles, was ich nicht brauche."

Der Mönch, der sich seinen Wunsch nach dem Ausbrechen aus der Klosterwelt erlaubt hat, hat in der Welt erfahren, dass vieles seine Sehnsucht nicht stillt. Indem er sich seinen Wunsch erfüllt hat, ist in ihm etwas anderes aufgebrochen, die Sehnsucht nach dem Eigentlichen und Wesentlichen.

Manchmal müssen wir uns einen Wunsch erfüllen, um zu sehen, dass seine Erfüllung unsere tiefste Sehnsucht nicht stillt.

Es gibt Menschen, die ihr Leben lang von einer anderen Welt träumen, sich aber nicht trauen, überhaupt einen Schritt in die Richtung ihres Traumes zu tun. Sie verbrauchen ihre ganze Energie damit, von der anderen Welt zu träumen. Da ist es manchmal sinnvoll, sich diesen Traum zu erfüllen. Denn erst dann erkennt man, wie realistisch oder unrealistisch er wirklich ist. Wenn ich mir erfülle, was ich als mein tiefstes Bedürfnis erfahre, erlebe ich mögli-

156

cherweise, dass ich damit noch lange nicht zufrieden gestellt bin. Es kann sein, dass ich alle meine Bedürfnisse erfüllen kann – und doch bleibt meine Sehnsucht bestehen. Das hat der Mönch unserer alten Geschichte erfahren. Er hat sein Bedürfnis, die Welt zu sehen, gestillt. Doch seine Sehnsucht nach dem Eigentlichen, aus dem und für das er leben möchte, wurde nicht erfüllt. Im Gegenteil, sie wuchs noch mehr. Und diese Sehnsucht ermöglichte es ihm, wieder in die Enge des Klosters zurückzukehren. Er wusste nun, dass die Weite der Welt nicht unbedingt weit macht. Wenn das Herz durch die Sehnsucht weit geworden ist, dann kann es auch in der Enge des Klosters seine Weite bewahren.

# AUFBLITZEN DES UNENDLICHEN

■ ■ ■

Der irische Dichter John O'Donohue hat einen eindrucksvollen Satz gesagt über die transzendierende Kraft unserer Seele: „Das Schönste, was wir überhaupt besitzen, ist unsere Sehnsucht; diese innerseelische Kraft ist spiritueller Natur und besitzt eine herrliche Tiefe und Weisheit." Für O'Donohue ist es die Sehnsucht, die den Menschen heiligt und ihm seine Würde gibt. Sie heiligt ihn, d. h., sie nimmt ihn heraus aus dem Terror dieser Welt. Sie gibt ihm etwas Heiliges und Unantastbares. Nach der Auffassung der griechischen Philosophie vermag allein das Heilige zu heilen. Wenn das stimmt, dann wird der Mensch, der seine Sehnsucht verdrängt, krank. Zur Gesundung braucht er die Sehnsucht geradezu. Doch der irische Poet weiß auch, dass wir die Sehnsucht überbeanspruchen, wenn wir sie auf das Göttliche richten, das nur außerhalb von uns ist. Das Göttliche ist auch in uns. Christus ist in uns – sagt die Mystik. Wenn wir unsere Sehnsucht überspannen, sie nur auf das Ferne ausrichten, nur ins Unbestimmte treiben lassen, überspannen wir damit unsere eigene Seele. Dann besteht die Gefahr, dass die Sehnsucht ihr Ziel nicht findet und in sich zurückfällt. Dann wird sie zynisch und leer. Die Sehnsucht braucht ein Ziel. Und dieses Ziel ist zugleich in und über uns. Es ist der Gott, der in uns wohnt, aber der uns zugleich übersteigt, der uns in das eigentliche Geheimnis unseres Seins einführt. Es ist eine doppelte Bewegung – und doch eine einzige Wirklichkeit: Die Sehnsucht nach Liebe zielt nach der konkreten Erfahrung von Liebe durch einen Menschen. Aber in dieser konkreten Liebe steckt zugleich die Sehnsucht nach einer noch größeren, nach einer alles umfassenden Liebe.

Diese alles übersteigende Liebe begegnet uns zwar schon in der menschlichen Liebe. Aber sie geht nicht in ihr auf. Die menschliche Liebe verzaubert uns, doch ist sie brüchig und begrenzt. Trotzdem blitzt in ihr etwas von der unendlichen Liebe auf, nach der wir uns in allen beglückenden und enttäuschenden Erfahrungen menschlicher Liebe sehnen.

# NICHT WELTFREMD

■ ■ ■

Unter den großen Denkern der umfassenden Einheit der Wirklichkeit ist Nikolaus von Kues einer der wichtigsten. Nikolaus von Kues war ein mutiger Denker, von dem man mit Recht sagen kann: Er läutete eine neue Zeit ein und steht als Philosoph am Anfang des modernen Denkens. Zugleich war Nikolaus aber auch ein Mystiker. Er sammelte die Schriften von drei Mystikern, die von der Kirche verurteilt worden waren: Scotus Eriugena, Meister Eckhart und Ramon Llull. Die Verurteilungen schrieb er „schwachen Augen" und „Mangel an Einsicht" zu. Er traute seiner eigenen Sehnsucht. Und diese führte ihn über alle Begriffe und Bilder hinaus in die Unendlichkeit Gottes. Nikolaus hat sich von seiner Sehnsucht leiten lassen und so die engen Vorstellungen seiner Zeit weit hinter sich gelassen. „Du bist, o Gott, die Unendlichkeit, die allein ich in jeder Sehnsucht ersehne." So lautet ein kurzes Gebet, das wir von ihm kennen.

In belehrter Unwissenheit *(docta ignorantia)* suchte dieser große Geist nach dem, der alle unsere Vorstellungen übersteigt, nach dem absolut Größten, in dem alle Gegensätze in eins fallen *(coincidentia oppositorum)*. Die Sehnsucht trieb ihn an, mit diesem unbegreiflichen und unendlichen Gott eins zu werden, alles Wissen hinter sich zu lassen, um „im Dunkel der Unwissenheit" über sich selbst hinauszugehen und die Einung mit dem verborgenen und unbekannten Gott zu erlangen. Erst dann – so glaubt Nikolaus – wird er ganz er selbst sein. In der Einheit mit Gott wird er die Einheit mit seiner eigenen Gegensätzlichkeit erfahren. So spricht der verborgene Gott, der sich mit ihm vereinigt, die Worte: „Sei du dein, dann werde ich dein sein."

Das Vertrauen in seine Sehnsucht hat den frommem Kardinal Nikolaus von Kues auch eine neue Weitsicht gegenüber der Welt und ihrer vielfältigen Wirklichkeit eröffnet. Das gilt auch für andere Religionen und Kulturen.

Er überschritt die Grenzen seiner Herkunft und der eigenen Zeit, indem er den Koran studierte und nach Gemeinsamkeiten mit der Bibel suchte. Damit erschloss er völlig neue Horizonte für den Dialog, die bis heute fruchtbar sind. In einer politisch sehr unruhigen Zeit, als die Türken dabei waren, Konstantinopel zu erobern und nach Europa vorzudringen, suchte er nicht nach dem Trennenden, Feindlichen, sondern nach dem im Unterschied Verbindenden.

Diese Offenheit und Weite gilt auch für seine Wahrnehmung der Natur. Nikolaus von Kues brachte das überlieferte Wissen in Verbindung mit neuen mathematischen und naturwissenschaftlichen Erkenntnissen und eigenen astronomischen Beobachtungen. Er überwand das enge geozentrische Weltbild und verkündete als erster im Abendland, dass die Erde keine Scheibe ist, dass sie nicht der ruhende Mittelpunkt des Alls ist, sondern sich um die Sonne dreht. Kopernikus, Kepler und Giordano Bruno haben seine Lehre von der Grenzenlosigkeit der Welt übernommen.

Nikolaus von Kues zeigt uns: Die Sehnsucht ist nicht weltfremd. Sie weitet das Herz und öffnet es auf eine größere Wirklichkeit, auf den unendlichen Gott hin. Aber sie weitet auch den Verstand, dass er sich über die engen Sichtweisen hinwegsetzt, Verschiedenheit und Einheit versöhnt und die Größe des Einen Gottes erkennt, die sich in der Vielfalt der Schöpfung ausdrückt.

Im Denken und Handeln dieses Gläubigen, Gelehrten und Visionärs wird etwas deutlich, was auch wir immer wieder lernen können: Wir müssen uns nicht abfinden mit der Welt, so wie sie ist. Unsere Sehnsucht kann uns dazu anleiten, Herausforderungen produktiv anzugehen, Türen zu öffnen, Grenzen zu überschreiten und in eine größere Weite zu gelangen.

# DAS UNBEGREIFLICHE

■ ■ ■

Karl Rahner, ein Theologe, der mich auch persönlich stark beeindruckt hat, versteht den Menschen als einen, der auf Gott verwiesen ist. „Der Mensch ist in seinem tiefsten Wesen Sehnsucht und Bedürftigkeit", sagt er. In jedem Erkennen, so Rahner, greift der Mensch über das Vorhandene hinaus in den weiten Horizont Gottes. In jeder menschlichen Begegnung erahnt er etwas von dem, der das eigentliche Du des Menschen ist, in dem der Mensch zu sich selbst findet. Der Mensch kann nach Karl Rahner nicht ohne Gott gedacht werden. Denn in all seinen Daseinsvollzügen, im Vollzug seiner Freiheit, seiner Liebe, seiner Erkenntnis, seines Todes übersteigt er sich selbst in seine geheimnisvolle Wirklichkeit hinein. So ist für diesen Theologen der Mensch in seinem tiefsten Wesen Sehnsucht und Bedürftigkeit. Er braucht Gott, um ganz Mensch zu werden. Und er ist voller Sehnsucht nach dem, ohne den er sein Menschsein nicht verstehen kann.

Karl Rahner war erfüllt von der Sehnsucht nach dem unbegreiflichen Gott. Der Theologe Rahner hat an der Enge kirchlichen Denkens immer wieder gelitten. Er hat aber auch an sich selbst gelitten, weil er bei allem Bemühen um eine verständliche Theologie doch immer wieder daran scheiterte, das unbegreifliche Geheimnis so in Sprache umzusetzen, dass es die Menschen verstanden.

Ich habe vor dreißig Jahren meine Doktorarbeit über Karl Rahners Dogmatik geschrieben und alle Schriften gelesen, die er bis dahin verfasst hat. Einmal habe ich ihn besucht und einen ganzen Nachmittag mit ihm über seine Theologie diskutiert. Ich war berührt von der Einfachheit und Ehrlichkeit dieses großen Gottsuchers. Und ich spürte, dass seine Theologie mehr war als das wissenschaftliche Erarbeiten einer neuen Begrifflichkeit. Sie war der

Versuch, seiner Sehnsucht nach dem unbegreiflichen Gott Ausdruck zu verleihen. Wenn er an sich selbst und der eigenen Unzulänglichkeit litt, wenn er sich unverstanden und einsam fühlte, dann war das für ihn Anlass, sich umso stärker nach dem Gott zu sehnen, der sich gerade in der Verlassenheit und Einsamkeit des Kreuzes als unbegreifliche Liebe offenbarte. Er sprach immer wieder davon, dass es letztlich darum gehe, sich in das Geheimnis der unendlichen Liebe Gottes fallen zu lassen und vor dem oft dunklen und unbegreiflichen Gott zu kapitulieren und sich ihm zu ergeben. Das war seine tiefste Sehnsucht. Und ich kann diese Sehnsucht gut verstehen. Bei allem Bemühen, über Gott und über den Menschen richtig zu schreiben, spüre ich immer wieder mein Unvermögen. Und ich sehne mich wie Karl Rahner danach, diesen Gott, von dem ich immer nur stammeln kann, zu erfahren und in der Kapitulation der Liebe mit ihm eins zu werden.

# DIE FLAMME ENTFACHEN

■ ■ ■

„Wir müssen die Flamme entfachen, mag es kosten, was es will. Um jeden Preis müssen wir in uns selbst die Sehnsucht und die Hoffnung auf die große Ankunft erneuern." Der französische Jesuit und Naturforscher Teilhard de Chardin richtet diese Aufforderung an seine Leser. Welche spirituelle Leidenschaft ihn selber antrieb, erspüren wir aus dieser Aufforderung: Er war von einer leidenschaftlichen Liebe zur Materie und zugleich zu Gott erfüllt. Dessen Ankunft wollte er im Herzen der Welt erfahren. Er stand der Wirklichkeit, die er erforschte, nicht wie einer objektiven Gegebenheit gegenüber. Für diesen weltberühmten Paläontologen ist die Materie erfüllt von Gottes Geist und seiner Liebe. Die Evolution geht immer mehr auf eine Amorisation hin, d. h. auf ein Durchdringen der Welt von der Liebe Jesu Christi. In ihm ist die Liebe Gottes Fleisch geworden und will diese Welt immer mehr von Grund auf verwandeln.

Teilhard fordert uns auf, in uns die Flamme der Sehnsucht zu entfachen. Diese führte ihn dazu, leidenschaftlich mit allen suchenden Menschen das Geheimnis dieser Welt zu ergründen und überall das göttliche Geheimnis zu entdecken. Die Liebe zu dieser Welt und sein Verständnis von Evolution ließen ihn die biblische Botschaft von der Ankunft Christi am Ende der Welt auf ganz neue Weise verstehen. Für ihn geht alle Entwicklung auf den Punkt Omega zu, auf das transzendente Zentrum der Welt.

Die Sehnsucht, die Teilhard antrieb, war keine Weltflucht. Im Gegenteil, sie führte ihn immer tiefer in das Herz der Materie. Sie ließ ihn für viele Menschen, die sich vom Christentum abgewandt haben, zu einer Hoffnungsgestalt werden. Denn er kann ihnen zeigen, dass ihre Suche nicht Weltflucht bedeuten muss, sondern im Gegenteil eine neue Liebe zur Welt beinhaltet, eine leidenschaftliche Liebe zu der Materie, in der sich Gott in seinem Sohn inkarniert hat, um sie mehr und mehr in die Einheit mit sich zu führen.

# NICHT ZU VEREINNAHMEN

■ ■ ■

Biblische Religion lebt aus der Sehnsucht. Der Begründer der
„Kritischen Theorie" und der Frankfurter Schule, Max Horkheimer, sieht in seiner jüdischen Wurzel, die dies immer bewusst
hielt, einen Grund dafür, dass er auch als Philosoph für die Theologie eintritt. Als Theologie versteht er dabei nicht die Wissenschaft
von Gott, sondern „die Sehnsucht danach, dass der Mörder nicht
über das unschuldige Opfer triumphieren möge". Für ihn hat die
Religion eine wesentliche Aufgabe in dieser Welt. Sie soll „dem
Menschen bewusst machen, dass er ein endliches Wesen ist, dass er
leiden und sterben muss; dass aber über dem Leid und dem Tod die
Sehnsucht steht, dieses irdische Dasein möge nicht absolut, nicht
das Letzte sein". Horkheimer spricht von der Sehnsucht nach dem
ganz Anderen. Gott selbst kann man sich nicht mehr vorstellen.
Und als Jude vertritt er das alttestamentliche Gebot, dass man sich
von Gott kein Bild machen solle, „dass Gott nicht darstellbar ist,
dass aber dieses Nicht-Darstellbare der Gegenstand unserer Sehnsucht ist". Die Religion hat die Aufgabe, die Sehnsucht nach dem
ganz Anderen wach zu halten. Die Sehnsucht verlangt nach konkreten Ausdrucksformen. Indem der Mensch in der Kirche oder in
der Synagoge Liturgie feiert, indem er die Gebote Gottes beachtet,
hält er seine Sehnsucht nach dem ganz Anderen lebendig. Daher ist
Horkheimer skeptisch, wenn sich die Religion allzu sehr den welt-
lichen Maßstäben anpasst. „Religion kann man nicht säkularisie-
ren, wenn man sie nicht aufgeben will." Sie braucht das Sperrige,
weil gerade das in dieser Gesellschaft die Sehnsucht nach dem ganz
Anderen wach hält.

Die Sehnsucht nach dem ganz Anderen ist nicht eine Flucht vor
der Wirklichkeit. Für Horkheimer ist sie vielmehr „die Sehnsucht

nach vollendeter Gerechtigkeit. Diese kann in der säkularen Gesellschaft niemals verwirklicht werden." Die Religion als Sehnsucht nach vollendeter Gerechtigkeit ist also ein Stachel, sich für diese Welt einzusetzen. Aber zugleich kritisiert sie jeden Versuch, absolute Gerechtigkeit hier schon verwirklichen zu wollen.

Für Horkheimer gibt es keine Liebe ohne Sehnsucht. Die Sehnsucht hält die Liebe lebendig. „Liebe gründet in der Sehnsucht, in der Sehnsucht nach der geliebten Person. Sie ist nicht frei vom Geschlechtlichen. Je größer die Sehnsucht nach Vereinigung mit dem geliebten Menschen ist, umso größer ist die Liebe." Sein Verständnis von Liebe drängt Horkheimer dazu, die umstrittene Pillenenzyklika von Papst Paul VI. zu verteidigen. Damit stieß der große alte Philosoph seine studentischen Anhänger völlig vor den Kopf. Doch er sieht seine Pflicht als kritischer Philosoph darin, „den Menschen klarzumachen, dass wir für diesen Fortschritt einen Preis bezahlen müssen und dieser Preis ist die Beschleunigung des Verlustes der Sehnsucht, letztlich der Tod der Liebe." Ohne Sehnsucht – so seine Überzeugung – „verliert die Liebe ihre Basis".

Religion hat die Aufgabe, die Sehnsucht nach dem ganz Anderen wach zu halten. Das hat gesellschaftliche Auswirkungen – und es hat Folgen für das persönliche Leben. Die manchmal so altmodisch erscheinende Religion darf sich nicht völlig dem Zeitgeist anpassen. Sonst verliert sie ihre kritische Funktion. Die Religion darf nicht so tun, als wisse sie Bescheid, wer Gott ist. Sie muss vielmehr die Unsichtbarkeit und Unbegreiflichkeit Gottes in dieser Welt bezeugen und die Menschen in ihrer Sehnsucht ansprechen. Horkheimer wehrt sich dagegen, diese Sehnsucht nach dem ganz Anderen und die Sehnsucht nach Ewigkeit zu verweltlichen. Denn das würde das Ende der Religion bedeuten.

Diese Gedanken formulieren im Grunde, was auch große christliche Denker im Blick auf die Sehnsucht sagen: Sehnsucht ist etwas, über das diese Welt nicht verfügen kann. Sie kann von der Gesellschaft nicht vereinnahmt werden. Denn sie geht über diese

Welt hinaus. Die Sehnsucht muss transzendent sein und diese Welt übersteigen. Sie muss ihre Heimat im ganz Anderen haben. Aber gerade indem ich mit dieser Sehnsucht nach vollendeter Liebe, vollendeter Gerechtigkeit, absoluter Heimat in Berührung bin, kann ich in dieser Welt leben, ohne mich von ihr bestimmen zu lassen. Ich bewahre die kritische Distanz zur Welt, die es mir ermöglicht, mich für diese Welt einzusetzen und an der Verbesserung der gesellschaftlichen und wirtschaftlichen Verhältnisse mitzuarbeiten. Die Sehnsucht nach dem ganz Anderen ist der Stachel, politische Ideologien zu entlarven und Verabsolutierungen von Ideen zu demaskieren. Zugleich ist sie der Stachel, über den gegenwärtigen Zustand der Gesellschaft hinauszuschauen und so diese Welt menschlicher zu gestalten. Die Sehnsucht also braucht in dieser Welt gerade Räume, die der Welt entzogen sind, damit sie Kraft genug bekommt, in die Welt hineinzuwirken. Sie muss aus der Welt ausziehen und sich im Raum des Religiösen, im Kult, in den Ritualen, in der Erfüllung der Gebote immer wieder ihrer selbst bewusst werden. Nur dann wird sie diese Welt aufbrechen für das Nicht-Darstellbare, für die Utopie, für das Noch-Nicht, von dem der andere jüdische Philosoph, Ernst Bloch, immer wieder geschrieben hat.

# DAS SEHNSUCHTSGEBET

■ ■ ■

Gott selbst können wir nicht direkt erfahren. Aber in der Sehnsucht spüren wir ihn in unserem Herzen. Der spirituelle Weg besteht für die christliche Tradition daher geradezu ausdrücklich darin, dass wir mit unserer Sehnsucht in Berührung kommen. Sie ist – nach Augustinus – wie ein Anker, den Gott in unsere Seele geworfen, mit der er sich geradezu sprichwörtlich in unserem Innersten „verankert" hat.

Viele Menschen leiden heute darunter, dass sie nicht mehr beten können. Sie zweifeln daran, dass Gott ihr Gebet hört und auf ihr Gebet hin handelt. Wenn sie mir ihre Zweifel an der Wirksamkeit des Gebetes erzählen, dann versuche ich nicht, ihnen zu beweisen, dass das Gebet schon oft geholfen hat. Und ich verzichte auf theologische Erklärungen, wie Gott auf unser Gebet reagiert. Denn das führt nicht weiter. Ich rate ihnen, das Beten erst einmal zu lassen. Stattdessen sollten sie sich einfach still hinsetzen, ihre Hand auf das Herz legen und spüren, was da an Sehnsucht in ihnen hochsteigt. Das ist schon Gebet. Die Sehnsucht ist das wahre Gebet. In der Sehnsucht streckt sich ihre Seele nach Gott aus. Und Gebet ist nicht in erster Linie Bittgebet, auch nicht Dankgebet, sondern Sich-Ausstrecken nach Gott, Sich-Sehnen nach ihm, der unser Herz mit seiner Liebe und mit seinem Geist erfüllen kann. Wenn ich in der Sehnsucht Gottes heilende und liebende Nähe erahne, dann ist all das schon erfüllt, wonach ich im Bittgebet flehe. Dann bin ich frei von dem negativen Einfluss des Menschen, der mich verletzt hat. Dann ist Frieden in mir. Dann erfahre ich mich heil und ganz. Dann hat mich meine Angst nicht mehr im Griff. Die Sehnsucht führt mich in Gott hinein und erfüllt so, was der Sinn jeden Betens ist: eins zu werden mit Gott, in ihm Frieden und Heil, Freiheit und Liebe zu erfahren.

# DER EWIGE TRAUM

■ ■ ■

„Die Seele kann niemals gesondert sein. Der ewige Traum ist Intimität und Zugehörigkeit. Wenn wir zurückgewiesen oder ausgeschlossen werden, empfangen wir eine tiefe Wunde." Der irische Dichter John O'Donohue hat dies gesagt. Soziologen bestätigen uns, dass die Sehnsucht nach Zugehörigkeit die typische Grundbefindlichkeit der heutigen Jugend ist. Für Jugendliche ist es wichtig, dass sie zu einer Gruppe gehören. Sonst fühlen sie sich ausgeschlossen, isoliert, nichts. John O'Donohue meint, dass diese Sehnsucht nicht nur typisch für die heutige Jugend ist, sondern tief im Menschen wurzelt, ja den eigentlichen Kern unserer Natur ausmacht, auch wenn wir uns oft isoliert und einsam fühlen. Er begründet diesen übermächtigen und allgegenwärtigen Hunger nach Zugehörigkeit mit dem Wesen der menschlichen Seele, und er knüpft die Vermutung daran, dass wir früher, ehe wir auf die Welt kamen, absolut zugehörten: „Wir stammen aus einem Anderswo, wo wir bekannt, angenommen und geborgen waren. Unsere Sehnsucht verlangt danach, uns zur Erkenntnis aller Möglichkeiten zu führen, die im Erdreich unseres Herzens schlummern. Unsere Sehnsucht ist die göttliche Sehnsucht in menschlicher Erscheinung." Offensichtlich geht O'Donohue hier auf den griechischen Philosophen Platon zurück. Platon ist der Meinung, dass die Seele ursprünglich bei Gott ruht, bevor sie bei der Geburt eines Menschen in den Leib herabsteigt. Christliche Philosophen haben diese Ideen des Platon übernommen, aber zugleich verchristlicht. Jeder Mensch ist ein Wort Gottes. Das eigentliche Wort Gottes, der Logos schlechthin, ist Jesus Christus. Aber in irgendeiner Weise können wir auch von uns sagen, dass Gott in jedem von uns ein einmaliges Wort spricht. Und dieses Wort, das einmal ganz bei

Gott war, nimmt in uns Fleisch an. Aber es sehnt sich nach dem, der es ausgesprochen hat, aus dessen Mund es hervorgegangen ist. In unserer Seele ist eine Ahnung, dass wir ursprünglich zu Gott gehörten und bei Gott daheim waren. Der Traum nach Zugehörigkeit ist also Ausdruck unserer Seele und ihres Heimwehs nach der Geborgenheit, die sie bei Gott hatte. Die Bibel hat dies in der Geschichte vom Paradies bildhaft ausgedrückt. Im Paradies waren die Menschen im Garten Gottes. Sie waren mit Gott vertraut, absolut geborgen und geliebt. Wie immer man diese ursprüngliche Zugehörigkeit des Menschen zu Gott erklären möchte – mit der Geschichte vom Paradies, mit der Vorstellung einer präexistenten Seele oder mit dem Bild vom Wort, das Gott in jedem Menschen ausspricht –, offensichtlich gehört diese Sehnsucht nach Intimität und Zugehörigkeit zum Wesen unseres Menschseins. Und zugleich ist diese urmenschliche Sehnsucht eine göttliche Sehnsucht. In unserer Sehnsucht tragen wir etwas Göttliches in uns: „die göttliche Sehnsucht in menschlicher Erscheinung". Die Sehnsucht ist die Spur, die Gott in unsere Seele eingegraben hat. Sooft wir mit unserer Sehnsucht in Berührung sind, spüren wir den göttlichen Funken in uns, sind wir in unserer Sehnsucht schon in und bei Gott.

# MEHR ALS ALLES

■ ■ ■

„Es muss doch mehr als alles geben", das war ursprünglich der Titel eines Kinderbuchs. Dass Dorothee Sölle die Formulierung dann als Titel für ein Buch über Gotteserfahrung aufgenommen hat, mag mit einer Erfahrung zusammenhängen, die allgemein gültig ist, aber heute besonders ins Auge fällt. Denn sie sind auch in unserer Überflussgesellschaft gar nicht so selten: die Menschen, die scheinbar alles haben und doch unzufrieden sind. Es ist eine Ursehnsucht im Menschen, dass es doch mehr geben muss als all das, was uns ins Auge springt, was wir uns kaufen können, womit uns Freunde beschenken. Die Sehnsucht geht über das alles hinaus, auf das Absolute und Vollkommene. Letztlich zielt die Sehnsucht auf Gott. Diese Ursehnsucht war in der Gnosis lebendig. In den ersten Jahrhunderten nach Christus gab es eine weit verbreitete Strömung der Gnosis, die der frühen Kirche zu schaffen machte, weil sie gerade die spirituell suchenden Menschen ansprach. Die Gnosis sehnte sich nach Erleuchtung, nach Einswerden mit Gott, nach Bewusstseinserweiterung, nach wahrer Freiheit. Unsere Zeit gleicht der Zeit der Gnosis. Heute sprechen wir von Esoterik, von New Age, von der Sehnsucht, das innerste Geheimnis der Welt zu verstehen, von einem ganz neuen Zeitalter, in dem wir uns weiterentwickeln, in Frieden leben miteinander und mit der Schöpfung, in dem wir offen sind für das Göttliche.

Man kann die Antworten, die die Esoterik auf die Sehnsucht des Menschen gibt, kritisieren. Die Sehnsucht jedoch, die vielen suchenden Menschen die Esoterik so anziehend macht, darf man nicht in Frage stellen. Sie ist echt. Und sie braucht eine Antwort. Im ersten Jahrhundert nach Christus hat Johannes in seinem Evangelium versucht, eine Antwort auf die Sehnsucht der Gnosis zu geben. Er hat die tiefe Spiritualität, die sich in der Gnosis ausdrückte, ernst genommen und sie in seiner Botschaft von Jesus an ihr eigentliches Ziel geführt. In Christus ist Gott sichtbar geworden. In ihm geht uns das wahre Licht auf, da erfahren wir Erleuchtung. Er ist das wahre Leben, nach dem wir uns sehnen. Er ist die Wahrheit. Er zieht den Schleier weg, der alles verhüllt. Er öffnet uns die Augen für das Eigentliche, für das, was hinter dem Schein liegt. Und er führt uns in die Einheit mit Gott, die letztlich das Ziel all unserer Sehnsüchte ist.

# INS INNERSTE MEINES HAUSES

■ ■ ■

Die Grundfrage ist immer wieder: Wie können wir mit unserer Sehnsucht in Berührung kommen?

Der eine Weg geht darüber, unser Leben anzuschauen und hinter allem die Sehnsucht zu entdecken, die in unseren Begierden, Süchten, Leidenschaften, Bedürfnissen, Wünschen, Hoffnungen steckt. Alles, was wir erleben, zu Ende zu denken, ihm auf den Grund zu gehen, ist die eine Möglichkeit.

Der andere Weg ist ein spiritueller, er geht über das Gebet. Augustinus sieht die Aufgabe des Gebets darin, unsere Sehnsucht anzustacheln. Wenn wir im Vaterunser beten: „Dein Reiche komme zu uns", so brauchen wir nicht – sagt Augustinus – Gott anzuflehen, dass er endlich sein Reich kommen lasse, sondern wir stacheln in uns die Sehnsucht nach diesem Reich an. Die Psalmen sind für Augustinus Lieder der Sehnsucht. Indem wir sie singen, wächst in uns die Sehnsucht nach der wahren Heimat in Gott. Augustinus vergleicht das Psalmensingen mit dem Singen von Wanderern. Zur Zeit des Augustinus wanderte man bei Nacht, um der Gefährdung durch Räuber zu entgehen. Aber dafür stieg im Dunkeln die Angst in den Wanderern hoch. Um sich die Angst zu vertreiben, sangen sie ihre Heimatlieder. So singen wir hier in der Fremde die Liebeslieder unseres Vaterlandes, um in uns die Angst vor der Dunkelheit zu überwinden und die Sehnsucht nach Gott anzustacheln.

Die Höchstform des Betens ist für Augustinus das Singen. Darüber hat er eine eigene Theologie entwickelt. „Cantare amantis est – Singen ist Sache des Liebenden". Singen kann nur, wer liebt. Das Singen führt den Menschen nach innen, in das „Intimum domus meae – in das Innerste meines Hauses". Auch wer dem Singen der Geigen und Celli zuhört, kann durch die Musik in den inneren

174

Raum gelangen, in dem er bei sich daheim ist und ganz wird und heil. Wer in diesem inneren Raum bei sich selbst angekommen ist, wer hier daheim ist, der wird keine Sucht mehr brauchen, die die Heimat des Paradieses außerhalb seiner selbst sucht. Der spürt in sich etwas, das diese Welt übersteigt, das ihn mitten im Gewoge dieser Welt wohnen lässt.

Wenn ich im Gebet mit meiner Sehnsucht in Berührung komme, kann ich meine Unfreiheit überwinden. Manche fromme Christen beten zu Gott, dass er sie von ihrer Sucht befreie. Sie benutzen ihn, damit er ihnen möglichst schmerzfrei weiterhelfen soll, und verbleiben in ihrer Passivität. Gott soll ihre große Mutter sein, die all ihre Probleme löst. Auf diese Weise werden sie allerdings nie frei von ihrer Sucht. Sie bleiben Kinder, die alles von der Mutter erwarten. Frei zu werden gelingt nur, wenn wir in einem ersten Schritt im Gebet Gott unsere Sucht hinhalten und in der Sucht unsere tiefste Sehnsucht. Der zweite Schritt des Gebetes besteht darin, mit unserer Sehnsucht in Berührung zu kommen und sie betend anzustacheln. Der dritte Schritt des Betens wäre dann, im Gebet den inneren Raum der Stille zu entdecken, in dem Gott in uns wohnt. Dort, wo Gott in uns wohnt, sind wir ganz wir selbst. Dort kommen wir in Berührung mit unserem wahren Ich. Und dort können wir bei uns wohnen, können bei uns daheim sein.

# MANGELERFAHRUNG

■ ■ ■

Ohne Sehnsucht gibt es keine Religion, gibt es keinen Glauben, keine Spiritualität. Diese scheinbar apodiktische Feststellung geht aus der Erfahrung eines Negativen, eines Mangels. Dorothee Sölle hat dies einmal so formuliert: „Da der umfassende Sinn des Lebens nicht sichtbar oder feststellbar ist (es sei denn für tränenlose Augen), entsteht das religiöse Bedürfnis immer wieder am Mangel, am Fehlen von Vergewisserung; Zweifel und unerfüllte Sehnsucht begleiten die religiöse Erfahrung. Dieser Schmerz kann nur um den Preis der Religiosität selbst vermieden werden." Für die Theologin Dorothee Sölle gehört die unerfüllte Sehnsucht also wesentlich zur Religiosität: In der Religion binde ich mich an Gott. Doch der ist nicht etwas Beschränktes, wie etwa das Gesetz oder die moralische Verpflichtung. Er übersteigt alles Denken und Verstehen. Und so binde ich mich in der Religion an etwas, was ich nicht zu fassen vermag, was mich über mein Erkennen hinausführt in eine Welt jenseits des Sichtbaren und Begreifbaren.

Religion hat immer – zumindest auch – mit der Mangelerfahrung zu tun. Der Mensch erfährt sich als mangelhaft. Er ist nicht Gott. Er kann über sich nicht verfügen. Die Gesundheit liegt allein in seiner Hand. Er kann die Dauer seines Lebens nicht bestimmen. Ja, auch sein Glück kann er nicht selbst machen. Er fühlt sich angewiesen auf einen Größeren, auf den Grund allen Lebens, den Grund allen Glücks. Für viele Menschen stellt es eine narzisstische Kränkung dar, dass sie von einem anderen abhängig sind, den sie nicht manipulieren und über den sie nicht verfügen können. Doch nur wenn der Mensch sich diesen Mangel eingesteht, versteht er, was Religion, was Glaube, was Spiritualität will. Manchmal darf der Mensch Gott erfahren. Er fühlt sich eins mit ihm und eins mit sich selbst. Dann kann er mit Teresa von Ávila ausrufen: „Gott allein genügt." Doch schon im nächsten Augenblick fühlt sich der Mensch wieder zerrissen und von Gott getrennt. Er spürt seinen Mangel. Dann bleibt ihm nur die Sehnsucht nach dieser Erfahrung des Einswerdens und der Erfüllung. Ohne Sehnsucht gibt es keine wirklich religiöse Erfahrung. Denn Gott ist immer der ganz Andere und der jeweils Größere. Jede Gotteserfahrung weckt in uns die Sehnsucht, ganz mit dieser geheimnisvollen Wirklichkeit eins zu werden und in ihr die Fülle des Lebens zu erfahren.

# DIE SPUR DES EWIGEN

„All mein Sehnen, Herr, liegt offen vor dir, mein Seufzen ist dir nicht verborgen", sagt der Psalmist (Psalm 38,10). Sehnen und Seufzen bilden für ihn eine Einheit. Sehnsucht ist für ihn mit Schmerz verbunden. Das Leid, das er an sich erfährt, stärkt sein Sehnen. Einen Vers zuvor betet er: „Kraftlos bin ich und ganz zerschlagen, ich schreie in der Qual meines Herzens" (Psalm 38,9). Weil er an sich leidet, spürt er das Verlangen nach Gott. Er sehnt sich mit seinem kranken Leib danach, gesund zu werden. Er sehnt sich danach, dass Gott ihm hilft, dass er sich ihm wieder zeigt, barmherzig und gnädig. In seiner Krankheit hat er ihn als einen grimmigen Gott erfahren, der ihn mit seinen Krankheitspfeilen trifft. Er möge sich doch seiner erbarmen und ihn wieder aufrichten. Das ist seine tiefste Sehnsucht.

Augustinus hat diesen Vers zum Anlass genommen, die Beziehung zwischen Gebet und Sehnsucht zu bedenken und im Sehnen selbst schon das Beten zu erkennen. Und er spricht dann vom unablässigen Gebet, nach dem sich die frühe Kirche so sehr sehnte: „Es gibt ein anderes inneres Gebet ohne Unterlass, nämlich die Sehnsucht. Was tust du anderes, wenn du jenen Sabbat (das Reich Gottes) ersehnst, als dass du nicht aufhörst zu beten? Wenn du das Beten nicht unterbrechen willst, dann unterbrich nicht das Sehnen. Deine ununterbrochene Sehnsucht ist deine ununterbrochene (Gebets-)Stimme."

Nicht umsonst wird Augustinus als Kirchenlehrer mit einem Herzen dargestellt, das von einem Pfeil durchbohrt wird. Diese Darstellung geht auf seine eigenen Worte in den „Bekenntnissen" zurück: „Du hast unser Herz mit deiner Liebe getroffen, und wie Pfeile, die im Herzen haften, tragen wir deine Worte in uns." Das Wort Gottes, das er auslegt, ist nicht etwas Äußeres, über das er objektiv reflektieren könnte. Ins Herz von Gottes Liebe getroffen, spricht er von ihm aus diesem verwundeten Herzen: nicht mit einem kühlen Verstand, sondern in der Sprache der Liebe. Daher die Schönheit seiner Sprache, denn sie antwortet auf die Schönheit der göttlichen Liebe. Auch heute gilt: nur eine religiöse Sprache, die selbst brennt, die den Sinn für das Schöne, den Sinn für das Zärtliche, den Sinn für die Liebe ausstrahlt, kann selbst ausstrahlen und die Menschen erreichen. Nur aus dem verwundeten Herzen, nur aus der Sehnsucht entsteht Neues. Indem wir die Lieder der Sehnsucht singen, wächst in uns die Sehnsucht nach dem, den wir besingen, nach dem, der uns wahre Ruhe, Heimat und Geborgenheit schenkt.

# WARTEN WEITET DAS HERZ

■ ■ ■

Selbst etwas so Alltägliches wie das Warten kann zur spirituellen
Haltung werden. Das deutsche Wort „warten" meint eigentlich,
auf der „Warte" wohnen. „Warte" ist der Ort der Ausschau, der
Wachtturm. Warten meint also: Ausschau halten, ob jemand
kommt, umherschauen, was alles auf uns zukommt. Warten kann
aber auch heißen: auf etwas Acht haben, etwas pflegen, so wie der
„Wärter" auf einen Menschen aufpaßt und auf ihn Acht gibt. Warten bewirkt beides in uns: die Weite des Blickes und die Achtsamkeit auf den Augenblick, auf das, was wir gerade erleben, auf die
Menschen, mit denen wir gerade sprechen. Warten macht das Herz
weit. Wenn ich warte, spüre ich, dass ich mir selbst nicht genug bin.
Jeder von uns kennt das, wenn er auf einen Freund oder eine Freundin wartet. Er blickt jede Minute auf die Uhr, ob es noch nicht Zeit
für ihr Kommen ist. Er ist gespannt auf den Augenblick, da der
Freund oder die Freundin aus dem Zug aussteigt oder an der Haustüre klingelt. Und wie enttäuscht sind wir, wenn statt des Freundes
jemand anders an der Haustüre steht. Warten erzeugt in uns eine
Spannung. Wir spüren, dass wir uns selbst nicht genug sind. Im
Warten strecken wir uns aus nach dem, der unser Herz berührt, der
es höher schlagen läßt, der unsere Sehnsucht erfüllt. Heute können
viele nicht mehr warten. In der Adventszeit erleben wir es: Für viele
wird Advent nicht als Zeit des Wartens erfahren, sondern als vor-
weggenommenes Weihnachten. Manche feiern ständig Weihnachten, anstatt Ausschau zu halten und das Herz im Warten auszu-
strecken nach dem Geheimnis von Weihnachten. Kinder können
nicht warten, bis die Mutter das Tischgebet gesprochen hat. Sie müssen sofort essen, wenn etwas auf dem Tisch steht. Sie warten nicht,
bis die Schokolade in den Einkaufskorb verstaut ist. Sie müssen sie

schon essen, bevor sie noch an der Kasse des Supermarktes bezahlt ist. Die Leute vor der Kasse oder vor dem Fahrkartenschalter können nicht warten. Sie drängeln sich vor. Dabei geht es um etwas Wichtiges: Wer nicht warten kann, der wird nie ein starkes Ich entwickeln. Er wird jedes Bedürfnis sofort befriedigen müssen. Aber dann wird er völlig abhängig von jedem Bedürfnis. Warten macht uns innerlich frei. Wenn wir warten können, bis unser Bedürfnis erfüllt wird, dann halten wir auch die Spannung aus, die das Warten in uns erzeugt. Das macht unser Herz weit. Und es schenkt uns überdies das Gefühl, dass unser Leben nicht banal ist. Wir sehen dies, wenn wir auf etwas Geheimnisvolles warten, dann warten wir auf die Erfüllung unserer tiefsten Sehnsucht. Dann erkennen wir: Wir sind mehr als das, was wir uns selbst geben können. Warten zeigt uns, dass das Eigentliche uns geschenkt werden muß.

Warten erzeugt im Menschen eine gesunde Spannung. Wer wartet, schlägt nicht die Zeit vor Langeweile tot. Er ist auf ein Ziel hin ausgerichtet.

Im Warten der Kinder auf Weihnachten zeigt sich das ganz deutlich: Das Ziel des Wartens ist ein Fest. Ich kann mich noch gut daran erinnern, wie wir als Kinder am Heiligabend gewartet haben auf das Christkind, auf die Bescherung. Es war eine eigenartige Spannung. Wir gingen mit dem Vater durch die Dunkelheit spazieren, sahen in den Häusern überall Lichter brennen. Und dann mußten wir oben in den Schlafzimmern warten, bis die Weihnachtsglocke läutete. Es war ein geheimnisvolles Erleben, in das nur mit Kerzen beleuchtete Wohnzimmer zu gehen. Kindliche Situationen prägen sich tief in die Seele ein. Wir fühlen uns auch später immer dann daheim, wenn diese Gefühle von früher wieder angesprochen werden. Vermutlich ist bei jedem Warten eine Spur des weihnachtlichen Wartens dabei, die Ahnung, dass unser Leben durch das Kommen eines Menschen oder eines Ereignisses heller und heiler wird.

# UNTERWEGS ALS PILGER

Als ich einmal mit einem Bus voller Pilger nach Jerusalem fuhr, betete der Pilgerführer den Wallfahrtspsalm 122: „Wie freute ich mich, als man mir sagte: ‚Zum Haus des Herrn wollen wir pilgern.'" Da ahnte ich, mit welchen Gefühlen die frommen jüdischen Pilger sich der heiligen Stadt Jerusalem näherten, um dort im Tempel zu beten und Heil zu erfahren. Ich las den Psalm 84 ganz neu: „Meine Seele verzehrt sich in Sehnsucht nach dem Tempel des Herrn. Mein Herz und mein Leib jauchzen ihm zu, ihm, dem lebendigen Gott." Die jährliche Wallfahrt nach Jerusalem war mehr als eine fromme Pflicht. In den Herzen der Israeliten brannte eine tiefe Sehnsucht, Gottes heilende und liebende Nähe im Tempel zu erfahren. Natürlich wussten die Juden, dass sie Gott überall anbeten konnten. Doch der Tempel war der besondere Ort der Gegenwart Gottes. Mit diesem heiligen Ort verbanden sie alle Wundertaten, die der Heilige an seinem Volk gewirkt hatte. Hier hörten sie seine Weisung, sangen ihm Lob, durften sie an der feierlichen Liturgie teilnehmen. Der Psalmist spricht nicht nur von der Seele, die sich in Sehnsucht nach dem Tempel des Herrn verzehrt. Nein, der ganze Leib sehnt sich nach ihm. Es ist keine schmerzliche Sehnsucht, sondern eine Sehnsucht, die Herz und Leib vor Freude jauchzen lässt. Es ist eine kraftvolle Sehnsucht, die den Pilger aufrichtet und ihn mit neuer Kraft erfüllt, die ihm Anteil schenkt an dem lebendigen und Leben schaffenden Gott.

# ZEIT DER ERWARTUNG

■ ■ ■

Warum rühren uns viele Lieder und Texte, die im Advent gesungen werden, so tief an? Advent ist die Zeit, in der ein tiefes Verlangen nach dem, was unser Herz zutiefst erfüllen und befriedigen kann, im Rhythmus des Kirchenjahres seinen Ausdruck findet. Diese Sehnsucht, die sich in den Liedern dieser Zeit ausdrückt, hat immer mit Liebe zu tun.

Unser Verlangen danach ist eine Grundbefindlichkeit. Sie weist über das Alltägliche und Banale hinaus und zielt auf Heimat und Geborgenheit, auf das verlorene Paradies. Das ist weder ungesund noch ein Ausdruck von Unreife oder Regression. Es zeigt vielmehr, dass wir uns nur dann dem Kampf des Lebens stellen können, wenn wir in uns selbst daheim sind und wenn wir wahrnehmen, dass Gott als das Geheimnis der Liebe in uns wohnt.

Wenn ich in diesem Wissen mit meiner Sehnsucht bewusst in Berührung komme, dann kann ich mich aussöhnen mit der Durchschnittlichkeit meines Lebens. Dann kann ich mich verabschieden von Illusionen, die ich mir von meinem Leben gemacht habe. Dann komme ich in Berührung mit etwas jenseits der Welt, mit etwas, über das die Welt keine Macht hat. Das ermöglicht mir auch eine vorurteilslose Offenheit andern gegenüber. So kann ich die Begegnung und die Beziehung genießen, ohne ständig mehr haben zu wollen.

In einer solchen Erfahrung der Sehnsucht steckt zudem eine Kraft, die uns befähigt, Utopien ganz konkret anzugehen. Diese Sehnsucht hat die Menschen des Mittelalters dazu angetrieben, hohe Dome zu bauen. Diese Baukunst lebte von der Sehnsucht, dem Göttlichen einen Raum zu schaffen. Die Musik lebt von der Sehnsucht. Sie öffnet ein Fenster zum Himmel. Jede Kunst ist letztlich Vorschein des Ewigen, noch nie Dagewesenen, Ausdruck der Sehnsucht nach dem ganz Anderen. Sehnsucht hat die Kraft, Beton zu sprengen, den Panzer zu knacken, den wir um uns aufgebaut haben, um unempfindlich zu sein gegenüber der anderen Welt. Sehnsucht öffnet unsere enge Welt. Sie hält den Horizont über uns offen. Die Sehnsucht verschließt sich nicht den erschreckenden Tatsachen des Lebens. Sie setzt uns auf die Spur der Hoffnung, die uns der Realität ins Auge sehen läßt, ohne daran zu verzweifeln.

# GEERDET

■ ■ ■

Zu Weihnachten erhielt ich den Brief eines Bekannten, der über seinen Text ein Gedicht der jüdischen Dichterin Hilde Domin gesetzt hatte: „Sehnsucht". „Die Sehnsucht / Lässt die Erde durch die Finger / Rinnen / Alle Erde dieser Erde / Boden suchend / Für die Pflanze Mensch".

Die biblische Schöpfungsgeschichte klingt hier an, die davon berichtet, wie Gott den Menschen aus der Erde formt. Es ist die Sehnsucht, die die Erde durch ihre Finger rinnen lässt, um den geeigneten Boden für die Pflanze Mensch zu suchen. Offensichtlich genügt die Erde nicht allein, damit der Mensch daraus wachsen kann. Es braucht den immateriellen Stoff der Sehnsucht, der sich mit der Erde verbindet, damit aus ihr der Mensch entstehen kann.

Poetische Texte sind offen für ein vielfältiges Verständnis. Der Bekannte, der das Gedicht über seinen Weihnachtsbrief gesetzt hatte, hat es offensichtlich auch als Beschreibung der Geburt Jesu gelesen: Gott verbindet sich in der Geburt Jesu mit der Erde. Er wird Fleisch. Er inkarniert sich, er gräbt sich in die Erde ein. In Jesus hat sich die göttliche Sehnsucht mit der Erde verbunden.

Wir vermögen nur wahrhaft Mensch zu werden, wenn wir das Erdhafte in uns annehmen und lieben und zugleich im Erdreich unserer menschlichen Existenz die göttliche Sehnsucht wahrnehmen. Erde und Sehnsucht, diese beiden Pole braucht der Mensch, um wahrhaft Mensch zu sein. Ohne Sehnsucht bleibt die Erde, was sie ist. Und ohne Erde wird die Sehnsucht allzu leicht zur Flucht in himmlische Gefilde. Doch nur wenn die Erde unseres Menschseins durch die Finger der Sehnsucht geronnen ist, bietet sie uns den Boden an, auf dem wir gedeihen können.

# STERNENBILDER

■ ■ ■

Sterne sind Sinnbild menschlicher Sehnsucht. Sie leuchten in der Nacht, und sie strahlen über dem ganzen Erdkreis. Sie sind also Symbole der Hoffnung und der universalen Einheit. Seit jeher waren die Menschen fasziniert vom hellen Licht des Morgen- und Abendsterns. Am eindrücklichsten erzählt die Weihnachtsgeschichte von diesem Bild. Die Magier haben einen Stern gesehen und lassen sich von ihm leiten. Ein wunderbares Sternenbild wurde in der Antike als Zeichen der Ankunft des ersehnten Messias verstanden. In Qumran wurde das Kommen des Messias mit dem Aufgehen eines Sternes verglichen: „Es wird sein Stern am Himmel strahlen gleich einem König."

Die Kirchenväter nehmen diese kosmische Erfahrung des Sterns auf und beziehen sie auf Christus. Das Licht des Sterns hat ja einen eigenen Glanz. Die Sprache der Liebe läßt uns erahnen, was an Weihnachten geschieht: Da leuchtet uns in Christus ein Stern auf an unserem nächtlichen Himmel. Da bringt Christus durch seine Liebe Licht in unsere Dunkelheit. Der Stern, der am Himmel steht, verweist uns auf den Vater, der im Himmel ist. Er ist Bild unserer Sehnsucht nach dem ganz Anderen. Was wir am Himmel sehen, das ist aber immer auch eine Wirklichkeit in uns. Wir sprechen von dem Stern, der am Horizont unseres Herzens aufgeht, wenn wir mit unserer Sehnsucht in Berührung kommen, und wir spüren, dass unser Herz weit über alles Alltägliche hinausreicht, bis in die Welt Gottes, in der wir wahrhaft daheim sind.

Angelus Silesius hat wohl in unübertroffener Weise gedichtet, was Christus als der Morgenstern für uns ist:

„Morgenstern der finstern Nacht,
der die Welt voll Freuden macht.
Jesu mein, komm herein,
leucht in meines Herzens Schrein."

Seit jeher haben die Menschen ihre Sehnsüchte in die Sterne verlagert. Und die Sterne haben immer eine Faszination ausgeübt. Wenn wir als Kinder das Lied gesungen haben „Weißt du, wieviel Sternlein stehen", dann gab uns das die Gewissheit, dass Gott es gut mit uns meint, dass wir unter seinem Sternenhimmel daheim sind. Solche Assoziationen spielen mit, wenn wir zu Weihnachten an den Stern denken, der Jesu Geburt angezeigt hat, und wenn wir die Weihnachtssterne an den Christbaum oder an die Fenster hängen. Durch diese Geburt ist diese Welt uns Heimat geworden. Da leuchtet überall der gleiche Morgen- und Abendstern über uns am Himmel und läßt uns überall daheim sein. Und Weihnachten lädt uns dazu ein, dass wir selbst für andere zum Stern werden, der ihre Nacht erhellt und ihnen das Gefühl von Heimat schenkt.

Wenn Menschen in einem solchen übertragenen Sinn von einem Stern sprechen, heißt das: Es ist etwas eingebrochen in ihre Nacht, etwas Glänzendes, etwas Liebes. Mit dem Stern ist Hoffnung in ihnen aufgekeimt. Der Stern weist den Weg. Er begleitet und macht das Leben weit. Der Weihnachtsstern sagt uns etwas, was über die Weihnachtszeit hinaus für unser Leben gilt. Seit jeher waren die Menschen fasziniert vom hellen Licht des Morgen- und Abendsterns: Wir sind nicht nur ein Mensch der Erde, sondern auch ein Mensch des Himmels. In uns leuchtet der Stern, der über uns hinausweist auf den, der vom Himmel herabkommt und unsere tiefste Sehnsucht erfüllt.

# IN DER NACHT
## WÄCHST DIE SEHNSUCHT

■ ■ ■

Die Nacht ist für uns Mönche eine heilige Zeit. Im Kloster stehen wir jeden Tag um 4.40 Uhr auf! Wir Mönche wachen, während die Welt schläft, weil wir hoffen, dass die Nachtstille zu einer Zeit der Erfahrung mit Gott wird. Er spricht mit uns während dieser Zeit der großen Stille. Aufgrund der Tiefe dieser Erfahrung ist es auch kein Wunder, dass alle Religionen die Bedeutung der Nacht sehen und unterstreichen. In der Nacht wächst die Sehnsucht. Das Christentum feiert mit Weihnachten und Ostern zwei große Nächte, in denen wir auf Christus warten. Natürlich feierten schon die Heiden am 25. Dezember die Sonnenwende. Aber indem sie Christi Geburt auf die Nacht der Wintersonnenwende datierten, schufen die Christen ein Symbol dafür, dass die Weihnacht den Tag ankündigt. Dieses Symbol ist umso wichtiger, wenn man daran denkt, dass man damals meinte, die Winternächte würden von bösen und fürchterlichen Geistern heimgesucht. Die Wiederkehr des Tages bekundete den Sieg über diese bösen Geister.

Das Symbol der Weihnacht ist aber noch viel stärker: Wenn Gott Mensch wird, entsteht Licht! Die wunderbare Liturgie der Weihnachtsnacht besingt es: Im Augenblick der größten Stille steigt das Wort Gottes auf die Erde herab. Auch im Umfeld von Ostern spielt die Symbolik von Nacht und Licht eine wichtige Rolle. Die drei synoptischen Evangelisten erklären, dass auf den Tod Jesu die ganze Schöpfung reagierte und die Sonne sich drei Stunden verdunkelte. Die Auferstehung ist ein Sieg des Lichts und des Lebens. Für Johannes ist Christus tot, wird in ein Grab gelegt (eine Assoziation der Nacht) und ersteht – alles in einem Atemzug. Johannes ist es wichtig zu zeigen, dass der tote Jesus sich verwandelt. Die Sehnsucht nach Licht und nach Leben – zwei Ursehnsüchte der Menschheit. In den zwei großen Festen der Christenheit – Weihnachten und Ostern – wird die Erfüllung unserer Hoffnung gefeiert. Weihnachten markiert den Sieg des Lichts und Ostern den Sieg des Lebens. Und Weihnachten kündigt Ostern an. Beide gehören zusammen.

# IN DUNKLER NACHT

■ ■ ■

Die Nacht ist für den Menschen ein Raum tiefer Erfahrung. Für den Propheten Jesaja ist sie der Ort, an dem die Sehnsucht in uns aufbricht. Für ihn ist es die Sehnsucht nach Gott. „Meine Seele sehnt sich nach dir in der Nacht, auch mein Geist ist voll Sehnsucht nach dir", so betet der alttestamentliche Prophet (Jesaia 26, 9).

In der Nacht steigen die Träume in uns hoch. In diesen Träumen drückt sich unsere Sehnsucht aus: nach einer anderen Welt, nach Licht, nach Heilung unserer Wunden, nach Verwandlung unseres Lebens. Aber auch wenn wir nachts wach liegen, meldet sich die Sehnsucht in uns zu Wort. Wer nicht schlafen kann, sehnt sich nicht nur nach Schlaf. Die Schlaflosigkeit zwingt ihn vielmehr, sich über sich selbst klar zu werden. Was ist mein Leben? Stimmt es so, wie es ist?

Und der Wachzustand weckt in ihm die Sehnsucht nach dem Geheimnis des Lebens, nach dem Wurzelgrund seines Daseins, in dem allein seine Seele zur Ruhe kommt. Wenn uns in der Ruhe der Nacht nichts ablenken kann, dann kommen wir mit unserer Sehnsucht in Berührung, die unseren Alltag, ja die diese Welt übersteigt. Dem Propheten ergeht es so. Er weiß, dass allein Gott seine Sehnsucht zu stillen vermag. Auf ihn richtet sich sein Herz. So hat der Prophet keine Angst vor der Nacht, auch nicht vor den schlaflosen Nächten, in denen er sich hin- und herwälzt. Er weiß, dass die Nacht seine Sehnsucht beflügelt und seine Seele und seinen Geist mit der Sehnsucht nach Gott erfüllt: Nacht wird zur mystischen Zeit.

Nacht ist für den Propheten ein Bild für die tiefste Not des Menschen. Nacht heißt für ihn: im Dunklen orientierungslos herumtappen. Jesaja drückt diese Angst vor der Finsternis, die uns umgibt, mit den Worten aus: „Wir hoffen auf Licht, doch es bleibt finster; wir hoffen auf den Anbruch des Tages, doch wir gehen im Dunkeln. Wir tasten uns wie Blinde an der Wand entlang und tappen dahin, als hätten wir keine Augen. Wir stolpern am Mittag, als wäre schon Dämmerung, wir leben im Finstern wie die Toten" (Jesaja 59, 9 f). Es ist die Nacht, die nach unserem Herzen greift, die Nacht der Depression, in der wir nicht mehr ein noch aus wissen, in der wir in einem schwarzen Abgrund zu sitzen scheinen.

In solch finsterer Nacht sehnen wir uns nach dem Licht. Alles in uns – unsere Seele, unser Leib und unser Geist – ist von Sehnsucht erfüllt. Wir *sind* Sehnsucht. Und allein diese Sehnsucht lässt uns hoffen, dass wir das Licht der Sonne wiedersehen werden.

Allein die Sehnsucht hält uns noch am Leben.

# NACHT DER SINNE

■ ■ ■

Als ich begann, die Geschichten und Sprüche der frühchristlichen Wüstenväter aus psychoanalytischer Perspektive zu lesen, habe ich viel von der Psychologie der Nacht verstanden. Viele von diesen Mönchen, die in der Wüste lebten, bekamen nicht viel Schlaf. Sie strebten sogar danach, gar nicht zu schlafen, um mit Christus wachen zu können. Die Nacht war für sie der Ort, an dem sie wie in der Wüste gegen ihre Dämonen kämpften. Sie glaubten, sie könnten Licht in die Welt bringen, indem sie sich freiwillig in die Wüste und in die Finsternis begaben.

Mehrere Apophthegmata, also überlieferte Worte der Wüstenväter, berichten übrigens, dass Antonius, Poimen oder andere Eremiten von einem Lichtschein umgeben waren. Während sie beteten, waren sie so sehr von der Gegenwart Christi erleuchtet, dass ihre Finger zu Flammen wurden. Die Nacht ist auch die Zeit der Träume. Und Gott spricht Menschen im Traum an. In der Nacht brechen all unsere üblichen Gottesvorstellungen zusammen. Sie werden geläutert. Wir werden in solcher Erfahrung dazu aufgefordert, uns von unserer Vorstellung von einem nahen Gott zu verabschieden, der immer bereit ist uns zu erhören, und den wir uns egoistisch angeeignet haben. Natürlich ist es hilfreich, ein Bild von Gott zu haben. Wir müssen allerdings lernen, dass seine Wirklichkeit jenseits aller Bilder ist. Dass Gott der Andere, der nicht Darstellbare ist, kann selbst eben nicht mehr dargestellt werden. Das ist in gewisser Weise die Erfahrung, die die mystische Literatur unter dem Begriff „Nacht der Sinne" versteht. Dieser Begriff bedeutet: Auch wenn der Glaube keine Sinneserfahrung der Gegenwart Gottes mehr anbietet, auch wenn der

Gläubige trocken, kalt bleibt, hindert ihn das nicht daran, weiter-
zubeten, in der Hoffnung, dass die Sinneserfahrung wiederkehrt.
Er glaubt fest daran, dass Gott auch in dieser geistlichen Wüste
zu finden ist.

# DURCH TROCKENE WÜSTE

■ ■ ■

„Wo Sehnsucht und Verzweiflung sich paaren, da ist Mystik." Als ich diesen Satz aus den hinterlassenen Schriften Friedrich Nietzsches las, war ich eigenartig berührt. Nietzsche war mir vor allem als der Philosoph begegnet, der vom Tode Gottes kündet und den heraufkommenden Übermenschen verkündet. Ich wusste nicht sofort, wie ich diesen Satz verstehen sollte. Ob ich ihn heute richtig verstehe, weiß ich nicht. Aber es reizte mich, in seinen Sinn einzudringen.

Nietzsche hat offensichtlich beides erlebt. Er war nicht zufrieden mit der christlichen Botschaft, wie er sie von seinem Vater, dem protestantischen Pfarrer, gehört hatte. Sie war für ihn eine Religion der Schwachen, die die Vitalität des Menschen unterdrückte. Er sehnte sich nach vollem Leben, das er in seiner Krankheit gar nicht selbst erfahren konnte. Er litt an der Verzweiflung über sich und diese Welt, über die Verfälschung von Religion, wie sie ihm die christliche Botschaft zu sein schien. Er sehnte sich nach Kraft, Vitalität, Lebenslust und Freiheit. Auch wenn wir heute eher seine religionskritischen Aussagen kennen, klingt in vielen seiner Worte etwas von der Mystik an, die ihn getrieben hat, immer weiterzusuchen nach dem Geheimnis des Lebens.

Mystik ist für mich der Weg der Gotteserfahrung. Den Mystikern genügt es nicht, von Gott nur zu hören oder über ihn zu reden. Sie wollen ihn spüren, tasten, erfahren. Sie wollen mit ihm eins werden in der Ekstase der Liebe. Die ekstatische Sprache Nietzsches wird von diesem mystischen Schwung getragen. Er möchte das Leben erfahren und auskosten. Er setzt den griechischen Gott Dionysos an die Stelle Christi. Damit zeigt er, dass die Erfahrung des Lebens für ihn etwas Religiöses hat. Sie ist Ekstase,

Rausch der Liebe. Dem Christentumskritiker Nietzsche ist es entgangen, dass die frühen Kirchenväter Christus durchaus mit Dionysos zu verbinden suchten. Auch Orpheus, der große Sänger, der ebenfalls dem dionysischen Bereich zugehörte, wurde mit Christus verglichen. Denn Christus wurde als der göttliche Sänger verstanden, der die Herzen der Menschen anrührte und sie zur Liebe entflammte.

Die christlichen Mystiker sprechen freilich nicht nur vom Finden Gottes, von der Ekstase. Es gibt auch die Trockenheit der Wüste und die „dunkle Nacht", von der Johannes vom Kreuz spricht. Nietzsche hat also Recht: Den Weg der Mystik gehe ich erst, wenn meine Sehnsucht sich mit meiner Verzweiflung paart. Auch wenn es mir gut geht, kann ich mich nach Gott sehnen. Aber meine Sehnsucht ist nicht stark genug, alle meine Kräfte auf die Gottsuche zu konzentrieren.

Erst die Verzweiflung zwingt mich, mich ganz und gar ihm zuzuwenden. In der Verzweiflung bekommt die Sehnsucht Flügel. Da trägt sie mich über mich hinaus in die Arme dessen, in dem ich mich geborgen weiß.

# „DURCHSEELT
UND DURCHSCHMERZT"

■ ■ ■

Mystik ist kein behaglicher Ort. Nicht nur an der Erfahrung der alten Mystiker wird dies deutlich, sondern auch im Zeugnis einer modernen Dichterin, Nelly Sachs. Die Mystik ihrer Sehnsucht hat in unaufhörlichen Geburtswehen diesen Ort in der Sprache immer wieder neu erschaffen. In einem Brief vom 9. Januar 1958 erläutert Nelly Sachs Paul Celan, dem großen jüdischen Dichter, der in Paris lebt, ihr tiefstes Glaubensbekenntnis:

„Es gibt und gab und ist mit jedem Augenblick in mir der Glaube an die Durchschmerzung, an die Durchseelung des Staubes als an eine Tätigkeit wozu wir angetreten. Ich glaube an ein unsichtbares Universum, darin wir unser dunkel Vollbrachtes einzeichnen. Ich spüre die Energie des Lichtes, die den Stein in Musik aufbrechen lässt, und ich leide an meinem Leibe, an der Pfeilspitze der Sehnsucht, die uns von Anbeginn zu Tode trifft und die uns stößt, außerhalb zu suchen, dort wo die Unsicherheit zu spülen beginnt. Vom eignen Volk kam mir die chassidische Mystik zu Hilfe, die eng im Zusammenhang mit aller Mystik sich ihren Wohnort weit fort von allen Dogmen und Institutionen immer aufs neue in Geburtswehen schaffen muss."

Nelly Sachs ist überzeugt davon, dass die ganze Welt voll von Sehnsucht ist. Sie sieht ihre Aufgabe als Dichterin darin, den Staub, d. h. diese Welt, mit ihrer Sehnsucht zu durchseelen und zu durchschmerzen. Sie spricht von der Welt so, dass sie unsere Sehnsucht nach Gott weckt. Diese Sehnsucht ist aber nicht nur schmerzlich, sondern sie ist wie Licht und wie Musik, die in allen Dingen, sogar im Stein aufbrechen möchte. Was ihr als verfolgte Jüdin und sensible Dichterin widerfährt, empfindet sie als ein Leiden an der Pfeilspitze der Sehnsucht. Von Geburt an trägt sie diese Sehnsucht in sich. Sie hat sie zu Tode getroffen. Die vielen Tode, die sie in ihren Gedichten betrauert, zwingen sie, diese Welt mit ihrer Sehnsucht zu übersteigen. Auf ihrem spirituellen Weg ist ihr die chassidische Mystik zu Hilfe gekommen. Ihre Dichtung, die die Sprache der Sehnsucht spricht, ist zugleich Ausdruck ihrer Mystik, die in allem den verborgenen Gott sieht. Mitten in dieser unwirtlichen Welt, mitten in der grausamen Welt des Völkermordes, schafft ihr die Mystik einen Wohnort – „immer aufs neue in Geburtswehen".

# IM SCHRAUBSTOCK
# DER SEHNSUCHT

■ ■ ■

Als Nelly Sachs vor den Nazis nach Schweden fliehen musste,
fand sie sich in einer fremden Sprachwelt wieder. Sie musste schreiben, um zu überleben. Und sie schuf eine neue Sprache der Sehnsucht, die immer neue Wortschöpfungen wagte. Eine Prinzessin,
die das eingefrorene Zeitalter (wohl ein Hinweis auf das Dritte
Reich) überlebte, nennt sie „sehnsuchtsverrenkt". Die Stärke ihrer
Sehnsucht hat ihr die Glieder verrenkt. Aber sie hat sie gleichzeitig
die Kälte überleben lassen. Dieses Bild erinnert an den Jakobs-
kampf, als der Engel Jakob die Hüfte verrenkt. Für die jüdische
Dichterin wird Jakob vom Engel „zu Gott verrenkt". Sehnsucht
fährt mir in die Knochen. Sie nimmt mir die alte Sicherheit. Sie
renkt mir das Gelenk aus, damit ich mich von Gott führen lasse wie
Jakob. Durch meine Sehnsucht befähigt mich der göttliche Segen,
meinem eigenen Schatten zu begegnen, ohne mich von ihm über-
wältigen zu lassen. Sehnsucht verwandelt mich und lässt mich heil
davonkommen aus der Nacht dieses Lebens.

Doch Nelly Sachs spricht auch davon, dass der Mensch verrenkt
ist „im Schraubstock der Sehnsucht". Die Sehnsucht kann wie ein
Schraubstock wirken. Sie hält uns gefangen. Menschsein heißt, voller Sehnsucht sein. Doch zugleich gilt:

„Der Himmel übt an dir
Zerbrechen.
Du bist in der Gnade."

Wer sich vom Schraubstock der Sehnsucht zu Gott hinbiegen lässt,
der ist in der Gnade. Dann wird die „Wunde, die unser Wohnort

ist", zum Ort der Gnade, zum Ort, an dem wir Gottes heilende Nähe erfahren. Jakob, der sehnsuchtsverrenkte, ist der von Gott verwundete Mensch. Aber gerade mit seiner Wunde, mit seiner hinkenden Hüfte, wird er zur Quelle des Segens für viele Menschen. Indem Gott vieles an uns zerbricht, an dem wir uns festklammern, führt uns die Sehnsucht, die nicht zerbrochen werden kann, an den Ort der Gnade, an den Ort, an dem wir die zärtliche Liebe Gottes erfahren, an dem uns seine Liebe umhüllt. Und sehnsuchtsverrenkt wie Jakob werden auch wir zu einer Quelle des Segens für diese Welt.

Nelly Sachs gibt einen Gedichtband heraus mit dem Titel „In den Wohnungen des Todes". Allein aus der Nähe des Todes kann die Sprache der Sehnsucht wachsen. Die Sehnsucht bezwingt den Tod. Sie zerbricht nicht am Tod, sondern steht für den Neuanfang. „Alles beginnt mit der Sehnsucht." – So sagt es Michael in „Eli", einem Mysterienspiel vom Leiden Israels. Alles, was geschaffen ist, ist mit dem Stoff der Sehnsucht gefüllt. Von Sehnsucht erfüllt überwindet alles Geschaffene den Tod. Noch vor der Geburt beginnt unser Leben mit der Sehnsucht. Und sie endet nicht im Tod: Hier erfährt sie erst ihre Erfüllung. Denn sie schafft das ganz und gar Neue, die Begegnung mit dem, der alles neu macht.

# AUSGESPANNT – ZWISCHEN DIESSEITS UND JENSEITS

■ ■ ■

Enttäuschungen erlebt unausweichlich jeder einmal. Und jeder kennt das Gefühl, wenn ein Wunsch unerfüllt bleibt, wenn eine Hoffnung sich als Seifenblase entpuppt. Diese Erfahrung gehört zum Leben. Am Ende kann die realistische Einsicht stehen: Es ist nicht schlimm, wenn unsere Sehnsüchte nicht in Erfüllung gehen. Sie zielen ja über diese Welt hinaus und werden letztlich erst im Tod ganz erfüllt werden. Ganz gleich ob unser Verlangen nach Gelingen des Lebens, nach Erfolg, nach Heimat und Geborgenheit, nach Liebe und Freundschaft hier in unserem Leben erfüllt wird oder nicht, es verweist uns letztlich immer auf etwas, was jenseits der permanenten Erfüllbarkeit liegt. Trotzdem gehören Wünsche und Sehnsüchte zum Leben. Die österreichische Schriftstellerin Marie von Ebner-Eschenbach hat aufgezeigt, was hinter einer hoffnungslosen Bescheidung liegt: „Nicht die sind zu bedauern, deren Sehnsüchte nicht in Erfüllung gehen, sondern diejenigen, die keine mehr haben." Marie von Ebner-Eschenbach ist überzeugt: Wer keine Sehnsucht hat, weiß nicht, was Leben heißt.

Leben ohne Sehnsucht wird starr. Es verliert seine Spannung. Ohne Sehnsucht wird das Leben sinnlos. Es gibt nichts mehr, auf das der Mensch noch zustreben könnte. Wer kein Ziel mehr hat, wird zwar weitergehen, aber orientierungslos sein. Er könnte ebenso gut stehen bleiben. Ob er geht oder nicht, ob er strebt oder nicht, ob er das Tempo beschleunigt oder nicht – alles ist gleichermaßen ohne Sinn.

Das Wesen des Menschen besteht darin, seine Seele auszuspannen zwischen dem Diesseits und dem Jenseits, zwischen den beglückenden und zugleich enttäuschenden Erfahrungen dieser Welt und der Sehnsucht nach absoluter Liebe und Lebendigkeit. Nur indem er das tut, kommt er wirklich zu sich.

# ERFÜLLUNG IN DER EWIGKEIT

■ ■ ■

Wir machen in unserem Leben immer wieder die Erfahrung der Begrenztheit, des Scheiterns, der Vergänglichkeit: Unser Glück ist flüchtig, Liebe scheitert, unser Leben ist endlich. Und doch: „Alle Lust will Ewigkeit, will tiefe, tiefe Ewigkeit", hat Nietzsche gedichtet. Die Sehnsucht nach Ewigkeit ist die Sehnsucht nach bleibendem Glück, dauernder Liebe, ewiger Ruhe. Im Verhältnis von Zeit und Ewigkeit drückt sich die Spannung zwischen Gott und Mensch, Himmel und Erde, Geist und Materie aus. Als Menschen zwischen Himmel und Erde erfahren und berühren wir diese Grundspannung. Wir leben in der Zeit und hoffen auf das ewige Leben, auf die Erfüllung unserer Sehnsüchte in der Ewigkeit. Die Bibel verheißt uns, dass unsere Hoffnungen und Sehnsüchte nicht ins Leere gehen, sondern dass Gott uns nach dem Tod seine ewige Herrlichkeit schenken wird, die noch kein Auge gesehen und kein Ohr gehört hat (vgl. 1 Korinther 2,9).

Ewigkeit meint nicht eine lange Zeitperiode. Sie ist eine eigene Qualität. Wenn der Mensch sich ganz auf den Augenblick einlässt, kann es sein, dass die Ewigkeit in seine Zeit einbricht. Die Zeit steht dann still. Solche Augenblicke geben einen Geschmack von Ewigkeit. Mystiker und Mystikerinnen haben immer wieder von solchen Erfahrungen von Ewigkeit gesprochen, und jede wirkliche Gotteserfahrung ist auch eine Erfahrung von Ewigkeit. Denn wenn ich mit Gott eins bin, bin ich ganz eins, mit allem, was ist. Dann fallen Zeit und Ewigkeit zusammen. In einem Augenblick solchen Einsseins fallen alle Gegensätze zusammen: Es geschieht die *coincidentia oppositorum*, von der Nikolaus von Kues spricht und in der er das Wesen Gottes sieht. Wenn ich in der Kontemplation mit Gott eins werde, mit Gott verschmelze, dann hört in diesem Augenblick die Zeit auf. Es ist ein Augenblick reiner Gegenwart. Gegenwart und Zukunft fallen zusammen. Ich denke nicht über Vergangenes nach, ich plane nichts Zukünftiges. Von einem solchen Augenblick können wir oft nicht sagen, wie lange er dauert. Die Zeit steht still, weil Gott selbst uns berührt hat.

Der Mensch – so sagt Augustinus – ist in der Zeit und die Zeit ist in ihm. Er leidet an ihr. Denn die Zeit ist für ihn Ausdruck ständiger Veränderung, und es gibt in ihr nichts Beständiges, nichts, das stehen bleibt. Angesichts ständiger Veränderung richtet sich seine Sehnsucht auf die Ewigkeit.– Augustinus bringt sie so zum Ausdruck: „Du bist mir Trost, Herr, du mein Vater, ewig bist du! Ich aber stecke in der Zeit und weiß nicht, wie sie laufen wird, und wirren Wechsels zersplittert sich mein Denken und all das tiefste Leben meiner Seele, bis ich in dich zerfließe, gereinigt und geläutert in den Gluten deiner Liebe."

Ewiges Leben ist das Leben, in dem Zeit und Ewigkeit, Gott und Mensch, Himmel und Erde zusammenfallen. Es ist die Fähigkeit des Menschen, mitten in der Zeit Anteil zu haben an der Ewigkeit. Wenn ich ganz im Augenblick bin, wenn ich ganz eins bin mit mir, dann schaue ich hinter den Schleier der Welt, auch hinter den Schleier der Zeit, dann habe ich jetzt schon teil am ewigen Geschmack Gottes, an der Ewigkeit. Wenn wir mit Gott eins werden in der Liebe, dann wird die Zeit aufgehoben, dann ist Ewigkeit mitten in der Zeit, dann bekommt unser Leben mitten in dieser Zeit ewigen Bestand.

Papst Gregor der Große erzählt vom heiligen Benedikt, dass er in einem einzigen Sonnenstrahl die ganze Welt erblickte. Die Buddhisten sprechen hier von Erleuchtung. Wer in der Erleuchtung das Eigentliche sieht, der sieht hinter die Zeit, für den ist alles eins. In der Gotteserfahrung, die immer auch Erfahrung des Urgrunds aller Welt ist, komme ich in Berührung mit dem zeitlosen Zeugen in mir selbst, mit dem spirituellen Selbst, das der

Zeit enthoben ist. Jede tiefe Erfahrung ist Erfahrung des reinen Seins. Ich schmecke den Geschmack dessen, was ist. Da ist nichts als reines Sein. Jenseits der Zeit. Da ist keine Trennung mehr zwischen Subjekt und Objekt. In solchen Augenblicken wird wirklich, was der Philosoph Boethius gesagt hat: „Ewigkeit ist der vollkommene, in einem einzigen, alles umfassenden Jetzt gegebene Besitz grenzenlosen Lebens." Das ist die Erfüllung unserer Sehnsucht.

# HOFFNUNG UND LICHT

■ ■ ■

Der Tod ist nicht die Grenze unserer Hoffnung. Er ist nicht die Mauer, an der unsere Sehnsucht abprallt. Im Gegenteil: Die zentrale Botschaft meines Glaubens heißt: Es gibt keinen Tod, in dem nicht schon der Anfang neuen Lebens ist. Es gibt kein Kreuz, dem nicht die Auferstehung folgt. Es gibt keine Dunkelheit, in der nicht schon das Licht von Ostern aufleuchtet, kein Leid, in dem wir allein gelassen sind. Die Botschaft von Tod und Auferstehung ist aber auch der Appell, unsere große Sehnsucht nach dem Leben produktiv zu machen: aufzustehen gegen alle Hindernisse, die das Leben behindern, gegen ungerechte Strukturen, gegen die vielen Kreuze, die heute täglich aufgerichtet werden. Tod und Auferstehung Jesu machen uns empfänglich für die Leidensgeschichten unserer Zeit, stärken unsere Sehnsucht nach dem Ende dieses Leidens. Aber zugleich befreien sie uns von Bitterkeit und Resignation. Sie sind das Hoffnungszeichen schlechthin. Nach C. G. Jung hängt das Gelingen unseres Lebens davon ab, wie wir mit dem Leid umgehen. Nicht masochistisches Kreisen um das Leid, sondern Durchgang durch das Leid führt zum Leben. Leben ist die zentrale Botschaft Jesu. Sie lädt uns ein, dem Leben zu dienen, dem Leben des Einzelnen, dem Leben der Gemeinschaft und dem der Schöpfung. Überall dort, wo diese Sehnsucht nach Leben aufblüht, erscheint auch das Leben, von dem das Johannesevangelium spricht.

# SELBSTVERGESSEN

■ ■ ■

In der Sinnlichkeit, in der Erfahrung der Lust mit allen Sinnen, steckt die Sehnsucht nach Ewigkeit. Auch hier meint Ewigkeit keine lange Dauer. Lust kann gar nicht über lange Zeit erfahren werden. Wenn ich mich vergesse; wenn ich ganz aufgehe in dem, was ich tue, was ich fühle, was ich bin, erlebe ich Ewigkeit im Augenblick. Und ich bin gerade dann ganz im Augenblick, wenn ich mich auf eine sinnliche Erfahrung einlasse, wenn ich zum Beispiel ganz Auge bin oder ganz Ohr und nur das eine wahrnehme. Indem ich mich ganz einlasse auf einen Sonnenuntergang oder auf das Hören einer Symphonie, schreite ich über das Geschaffene hinaus und gehe – nach einem Wort von Meister Eckhart – ein „in den Grund, der grundlos ist". Ewigkeit meint den Augenblick, der ganz tief erlebt wird. Lust ist Aufheben der Zeit und Erahnen der Ewigkeit. Ewigkeitserleben ist nicht etwas rein Geistiges im Gegensatz zur Materie. In der Materie wird der Geist erfahren, im Raum das Raumlose, in der Zeit das Zeitlose. Ganz im Augenblick zu sein heißt für mich, ganz in meinen Sinnen zu sein.

Ewigkeit lässt sich nicht durch eine bestimmte Technik erfahren. Es ist immer ein Geschenk Gottes, wenn wir uns so vergessen können, dass wir diese reine Präsenz spüren und die Zeit aufgehoben ist. Wir können uns nur in Achtsamkeit und Gegenwärtigsein einüben und darauf vertrauen, dass Gott selbst einbricht in unser Üben. Wenn er einbricht, dann steht die Zeit still, dann schmecken wir die Ewigkeit, dann kommt unsere Sehnsucht zur Ruhe.

# GESPÜR FÜR TRANSZENDENZ

■ ■ ■

Alle Religionen kennen Engel, die Boten Gottes, die den Menschen seine heilende Nähe verkünden. Bei den Griechen gibt es den geflügelten Götterboten Hermes. Engel sind in den meisten Religionen helfende und heilende Mächte, die Gott den Menschen sendet. Die christliche Theologie hat seit den Kirchenvätern eine Lehre von den Engeln entfaltet – in der modernen Theologie allerdings wurden die Engel jahrelang vernachlässigt. Engel waren für sie nur zeitbedingte Bilder für Gottes Nähe zu den Menschen. Doch seit etwa zwanzig Jahren sind die Engel wieder im Kommen. Eine Umfrage der Zeitschrift *Focus* vor einigen Jahren hat ergeben: Fast 80 Prozent aller Deutschen, die an Gott glauben, vertrauen auf ihren persönlichen Schutzengel. Und mehr als die Hälfte der gesamten Bevölkerung über vierzehn Jahren sucht bei ihm Trost, Sicherheit, Geborgenheit und Schutz. Die Offenheit des heutigen Menschen für Engel hat ihren Grund vermutlich darin, dass der Mensch ein Gespür für Transzendenz hat. Er sehnt sich danach, dass in seine oft gnadenlose Welt des Geschäfts eine andere Dimension einbricht. Er sehnt sich nach einer Welt der Geborgenheit und Leichtigkeit, der Schönheit und Hoffnung. Engel stehen für gelingendes Leben, für eine Liebe und Zärtlichkeit, die nicht die Brüchigkeit menschlicher Liebe aufweist. Engel öffnen den Himmel über den Menschen. Gott ist für viele Menschen eher fern und unverständlich. Engel sind ein konkreter Widerschein Gottes in unserer Welt. Durch die Engel kommt der Mensch in Berührung mit seiner Seele und mit ihren kreativen und heilenden Kräften.

„Engel", das kommt vom griechischen Wort *ángelos*, „Bote". Wir sollten uns, sagt Augustinus, weniger über das Wesen der Engel

Gedanken machen, als vielmehr über ihre Aufgabe: Engel sind Boten Gottes. Gott schickt sie uns, um uns eine Botschaft zu verkünden, uns zu schützen, uns in konkreten Situationen zu helfen oder uns in Haltungen einzuführen, die wir brauchen, damit unser Leben gelingt. Natürlich hat sich die Theologie trotz Augustinus auch über das Wesen der Engel Gedanken gemacht. Sie sagt, dass Engel geschaffene Wesen seien und personale Mächte. Wenn wir diese abstrakten Begriffe in unser Leben übersetzen, so bedeutet es: Engel sind als geschaffene Wesen erfahrbar. Sie sind sichtbar. Spürbar. Engel, das können Menschen sein, die im rechten Augenblick in unser Leben treten, die uns auf etwas hinweisen, das für uns zum Segen wird, die rettend und helfend eingreifen, wenn wir nicht mehr weiterwissen. Auch die Traumboten sind in der Tradition immer Engel. In den Träumen spricht ein Engel zu uns – und Träume können wir sehen, aufschreiben, uns vor Augen halten. Engel sind innere Impulse in unserer Seele. Wir wissen nicht, woher der spontane Einfall kommt, einen anderen Weg zu nehmen. Und nachher erfahren wir, dass der andere Weg unser Leben gerettet hat. Solche spontanen Einfälle sind Engel, die Gott uns schickt. Auch Verstorbene können für uns zu Engeln werden, die uns begleiten.

Engel sind personale Mächte: das heißt, sie sind keine Personen in unserem Sinn, keine individuellen Wesen, die wir klar abgrenzen und beschreiben können. Aber sie sind Mächte und Kräfte, ihr Erscheinen ist keine Einbildung. Sie wirken und sie betreffen unsere Person. Das heißt, sie können uns begegnen, und sie helfen uns auf unserem Weg der Selbstwerdung, der Personwerdung. Engel schützen unsere Person, und Engel bringen uns mit wesentlichen Bereichen unserer Person in Kontakt. Engel bringen uns in Berührung mit unserer Seele, mit dem inneren Raum der Liebe und Freiheit. Das kann im Traum geschehen, in einem Wort, das uns ein Mensch im rechten Augenblick sagt. Das kann der innere Einfall sein, in dem ein Engel zu uns spricht.

Die Bibel erzählt uns von Engeln, die dem Menschen in konkreten Nöten zu Hilfe kommen. Da ist der Engel, der das Schreien des Kindes hört (Genesis 16), der Engel, der den resignierten Elija wieder aufweckt und aufrichtet (1 Könige 19), der Engel, der die Jünglinge im Feuerofen mit einem schützenden Hauch umgibt (Daniel 3). Da gibt es Rafael, den Engel, der die Beziehungen zwischen Mann und Frau und zwischen Vater und Sohn heilt (Tobit). Der Erzengel Michael, dessen Name bedeutet „Wer ist wie Gott?", kämpft für uns, damit keine irdische Macht uns bestimmt, sondern Gott uns zu uns selbst befreit. Gabriel ist der Verkündigungsengel, der uns die Geburt eines Kindes verheißt, der uns hinweist auf das Neue, das in uns aufbricht. Im Neuen Testament der Bibel treten die Engel vor allem bei der Geburt und bei der Auferstehung Jesu in Erscheinung. Ein Engel verkündet die Geburt Jesu und bringt damit Freude in das Leben der Hirten. Die Engel, die Gott loben, vermitteln uns die Leichtigkeit des Seins. So hat sie vor allem die Barockkunst verstanden, die die Wände der Kirchen mit Engeln verzierten, die uns auf das Spielerische unseres Seins hinweisen. Engel kommen zu Jesus in seiner Versuchung (Matthäusevangelium 4, 11). Und ein Engel steht ihm bei in seiner Ohnmacht und Angst am Ölberg (Lukasevangelium 22, 43). Engel verkünden den Frauen, dass Jesus von den Toten auferstanden ist. Und Engel sind es, die den toten Lazarus in den Schoß Abrahams tragen. Engel werden auch uns in die liebenden Arme Gottes tragen.

Wir müssen nicht an Engel glauben. Engel lassen sich erfahren. Engel geben unserer Beziehung zu Gott etwas Menschliches. Gott schickt seine Engel in die konkreten Situationen unseres Alltags. Es gibt keine Situation, die ohne Engel ist, in der wir allein gelassen werden. Das ist die tröstliche Botschaft an uns Menschen – die die Dichter und Maler heute auf neue Weise verkünden: „Besser keine Welt als eine Welt ohne Engel" (Ilse Aichinger).

# HEIL UND GANZ

■ ■ ■

Das deutsche Wort „heilig" hängt mit „heil" und „ganz" zusammen. Man könnte sagen: Der heilige Mensch ist geheilt, ganz geworden, in die ursprünglich von Gott geformte Gestalt hineingewachsen, mit dem göttlichen Kern in Berührung gekommen: Er verkörpert all das, wonach wir uns sehnen.

Manche Bücher über Heilige haben diese auf einen so hohen Sockel gehoben, dass sie uns fremd erscheinen. Dabei waren und sind Heilige keine perfekten Menschen, sondern Menschen, die alle ihre Fehler und Schwächen Gott gezeigt haben und deren Schattenseiten von Gottes Licht erleuchtet wurden. Sie waren weder fehlerlos, noch in jedem Fall psychisch völlig gesund. Wie wir litten auch die Heiligen an ihren Fehlern und Schwächen. Aber sie haben ja gesagt zu ihrem Sosein und haben es in den Dienst Gottes gestellt. Dadurch wurden selbst ihre – für unser Verständnis – kranken Persönlichkeitsanteile zu einer Quelle des Segens für andere Menschen. Ihre Wunden wurden – wie Hildegard von Bingen es ausdrückt – verwandelt in Perlen. Vielleicht ist das das Bemerkenswerte und Wichtige im Leben der Heiligen: gerade in ihren Wunden wurden sie offen für Gott, sensibel für die Bedürfnisse der Menschen und zugleich demütig sich selbst gegenüber. Sie spürten, dass alles, was von ihnen an Heilung ausging, nicht ihr Verdienst war, sondern allein das Werk Gottes. So sind Heilige Zeichen der Hoffnung, dass auch unser Leben gelingen und unsere Sehnsucht erfüllt wird.

Wir alle tragen einen Namen. In der katholischen Tradition suchen Eltern für ihre Kinder Namen von Heiligen aus, die zu ihren Namenspatronen werden. Wenn ich die Geschichte des oder der Heiligen meditiere, dessen/deren Name ich trage, lerne ich mich selbst besser kennen. Ich entdecke Seiten an mir, die ich bisher übersehen habe. Ich gewinne Vertrauen, dass ich mehr Möglichkeiten habe, als ich mir bisher zugestanden habe. Ich komme mit meinem wahren Wesen in Berührung. Heilige sind Bilder, durch die wir das eigene Bild klarer erkennen. Sie geben uns Mut, uns bedingungslos anzunehmen, nicht nur mit unseren Schattenseiten, sondern gerade auch mit unseren Lichtseiten, mit den Fähigkeiten und Möglichkeiten, die in uns stecken. Sie inspirieren uns dazu, unserer Sehnsucht zu folgen.

# EIN STACHEL DER LIEBE

■ ■ ■

Als ich ins Kloster eintrat, habe ich mir als Namenspatron den heiligen Anselm von Canterbury gewählt. Zu ihm habe ich bis heute eine besonders nahe Beziehung. Anselm heißt: Der von den Göttern Beschützte. Nach seinem Biographen, dem heiligen Edmar, galt er als der liebenswürdigste Mensch seiner Zeit. Sein Leben ist geprägt von politischen Konflikten und Unruhen. Er war Bischof, verbrachte aber die meisten seiner Amtsjahre im Exil. Und doch wird hinter allen Konflikten, in die er hineingezogen wurde, immer wieder der eigentliche Antrieb seines Lebens sichtbar: Herz und Verstand aufzuschwingen zum Eigentlichen, zum Grund allen Lebens.

Anselm zeichnet sich aus durch eine betende Theologie – eine Formulierung, die durch ihn zum stehenden Begriff geworden ist. Auch seiner Wissenschaft merkt man diese Grundintention an. Berühmt ist der Beginn des Proslogions: „Auf, du kleiner Mensch, flieh ein wenig deine Geschäftigkeit! Verstecke dich eine kleine Weile vor deinen lauten Gedanken! Wirf die Sorgen ab, die auf dir lasten, und nimm Abstand von dem, was dich zerstreut! Gönne dir Zeit für Gott und ruhe in ihm! Sprich zu Gott: ‚Dein Antlitz, o Herr, will ich suchen' (Psalm 27,8). Mein Herr und mein Gott, lehre du mein Herz, wo und wie es dich suchen, wo und wie es dich finden kann." In diesen Worten wird deutlich, welch tiefe Sehnsucht nach Gottes Angesicht Anselm zu seiner Theologie antrieb.

Sein berühmter Wahlspruch ist: „Credo ut intelligam – ich glaube, damit ich einsehe, damit ich verstehe." Ihm genügte es nicht, die Glaubenssätze nur zu übernehmen. Er wollte sie mit seinem Verstand durchdringen und verstehen. Und doch ist für ihn nicht der Verstand der letzte Maßstab. Vielmehr ist der Glaube der

Grund, auf dem der Verstand aufbauen kann. Dieser erst öffnet dem Menschen die Augen, damit er die Wirklichkeit so sehen kann, wie sie ist.

Anselms Gestalt ist für mich eine Herausforderung, mein eigenes Leben bewusster zu leben. An ihm fasziniert mich nach wie vor, mit welcher Sehnsucht er danach verlangt, das Antlitz Gottes zu schauen, ihn zu suchen und zu verstehen. Sein Denken ist getrieben von der Sehnsucht, Gott zu finden und seine Nähe zu erfahren. Eines seiner schönsten Gebete lautet: „Herr, lehre mich dich suchen, und zeige dich dem Suchenden; denn ich kann dich ja nicht suchen, wenn du es nicht lehrst, und ich kann dich ja nicht finden, wenn du dich mir nicht zeigst. Sehnsüchtig will ich dich suchen und im Suchen die Sehnsucht steigern; liebend will ich dich finden und beim Finden noch mehr dich lieben."

Anselm verbindet Sehnsucht mit Suchen. Suchen und Sehnsucht, Finden und Liebe – – diese vier Pole der Suche nach Gott gehören für Anselm eng zusammen. Indem ich ihn suche, wird meine Sehnsucht nach ihm immer stärker. Es ist letztlich die Liebe zu Gott, die mich antreibt, Gott zu suchen und ihn zu finden. Und dass ich ihn gefunden habe, treibt mich an, ihn noch mehr zu lieben. Suchen und Finden hören aber nie auf. Ich werde ihn nie so finden, dass ich nicht mehr suchen muss. Indem ich ihn finde, entzieht er sich mir erneut. Aber im Finden, im Ertasten, im Erhaschen Gottes wächst meine Liebe zu ihm. Und die Liebe stachelt meine Sehnsucht an. So beginne ich von neuem, sehnsüchtig nach Gott zu suchen.

Für mich persönlich ist Anselm bis heute eine ständige Herausforderung, nicht abstrakten Sätzen nachzulaufen, sondern eine Theologie des Herzens zu betreiben, der Sehnsucht meines Herzens zu trauen. Er motiviert mich, den suchenden Menschen nicht zu entmutigen, sondern ihm zu zeigen, dass er mit seiner Sehnsucht nach einer tieferen Liebe nicht allein ist. Anselm ist für mich selbst zudem Ansporn, mich nicht von Katastrophenmeldungen bestimmen und von Klagen über die Zeitverhältnisse entmutigen zu lassen, sondern dem Gott zu trauen, der das Herz des Menschen zu wandeln vermag, der auch nach langen Konflikten wieder Frieden möglich macht.

Das ist die Botschaft dieses Lebens: Sehnsucht führt über das eigene begrenzte Ich hinaus und relativiert die Probleme, mit denen wir uns herumschlagen. Sie befreit vom Zwang, alles Schöne und Erfreuliche festhalten zu müssen. Wir können uns daran freuen, aber auch wieder davon trennen.

Die Sehnsucht macht uns fähig, mitten in den Konflikten des Lebens – Anselm hatte genügend Streitigkeiten und Verleumdungen durchzustehen – gelassen zu bleiben. Was unsere Erwartungen nicht erfüllt, vermag die Sehnsucht zu vertiefen. Nicht Frustration und Traurigkeit sind dann die Konsequenz, sondern innere Freiheit und Zuversicht.

Alles, was querläuft, kann dem, der seiner Sehnsucht traut, seine Liebe und Liebenswürdigkeit nicht rauben. Es wird sie nur stärken und vertiefen. Wer seiner Sehnsucht traut, wird heitere Gelassenheit erfahren.

# GEDULDIGES AUSHARREN

■ ■ ■

Das Neue Testament spricht nur selten von der Sehnsucht, aber sehr oft von der Hoffnung. Und die christliche Tradition hat Glaube, Hoffnung und Liebe als die drei göttlichen Tugenden verstanden, im Gegensatz zu den vier Kardinaltugenden, die der griechische Philosoph Aristoteles als Voraussetzung für ein Gelingen des Lebens beschrieben hat: Gerechtigkeit, Klugheit, Tapferkeit und Mäßigung. Die Hoffnung als geistliche Tugend ist also die Bedingung, dass unser Leben vor Gott „taugt". Tugend kommt ja von „taugen". Die Sehnsucht wird nicht als Tugend gesehen, sondern als eine Kraft, die im Menschen einfach vorhanden ist, ob er will oder nicht. Die Sehnsucht treibt den Menschen. Die Hoffnung – so sagt die theologische Tradition – ist eine von Gott geschenkte Tugend, eine Tüchtigkeit und Kraft, zu der uns Gott befähigt. Die Hoffnung steckt voller Aktivität. Sie gestaltet diese Welt, weil sie glaubt, dass Gott für diese Welt eine Zukunft bereitet hat. Sie vertraut darauf, dass es einen Sinn hat, sich für die Menschen einzusetzen. Sie ist voller Zuversicht, dass Gott für die Menschen eine gute Zukunft bereithält. Aber zugleich weiß die Hoffnung, dass unsere innerweltlichen Hoffnungen ins Leere gehen, wenn sie nicht vom Vertrauen in ein größeres Wirken getragen sind.

Die Hoffnung gleicht der Sehnsucht. Und doch ist sie noch etwas anderes. Die Hoffnung ist geprägt von dem Vertrauen in die Zukunft, von dem Vertrauen, dass die Zukunft in Gottes Hand liegt und dass er unsere tiefsten Sehnsüchte erfüllt. Und die Hoffnung beinhaltet das geduldige Ausharren, bis Gott seine Verheißungen an uns Wirklichkeit werden lässt. Die Sehnsucht ist einfach da, ob ich will oder nicht. Für die Hoffnung muss ich mich bewusst entscheiden. Sie ist eine Tugend, die ich pflegen muss. Gegenüber der pessimistischen Grundhaltung, die meint, die Welt steuere dem Verderben entgegen, vertraut die Hoffnung darauf, dass Gott die Welt und den Menschen zur Vollendung führt, auch wenn diese Vollendung über das Scheitern und Zerbrechen menschlicher Vorstellungen führt. Das Kreuz ist das deutlichste Zeichen dafür. Es steht für die Hoffnung, dass selbst im Untergang neues Leben aufleuchtet.

Die Gemeinsame Synode der katholischen Bistümer in der Bundesrepublik Deutschland hat im Jahre 1972 ihr Hauptdokument „Unsere Hoffnung" genannt. Sie war geprägt von einer optimistischen Sicht dieser Welt und von der Überzeugung, dass die Kirche eine wichtige Aufgabe hat am Aufbau einer menschlicheren Welt. Heute ist von dieser hoffnungsvollen Sicht nur noch wenig zu spüren. Der Hauptautor dieses „Hoffnungs-Dokumentes", Johann Baptist Metz, ließ sich in seiner Theologie von dem jüdischen Philosophen Ernst Bloch anregen, der sein Hauptwerk „Das Prinzip Hoffnung" nannte. Für Bloch ist die Hoffnung nicht einfach ein Gefühl, sondern eine „utopische Funktion". Sie treibt den Menschen dazu, alles, was er hier erlebt, als „Vor-Schein eines Gelungenen" zu sehen. In allem leuchtet das Neue und noch nie Dagewesene auf. Ein Grundimpuls des Blochschen Denkens ist die Sehnsucht nach dem, was er „die noch ungewordene, noch ungelungene Heimat" nennt. Ein Dialog zwischen der Hoffnung des atheistischen Philosophen und der Hoffnung christlichen Glaubens könnte auch heute belebend wirken.

# WORAUF ICH HOFFE

■ ■ ■

Auch wenn Hoffnung und Sehnsucht nicht das Gleiche sind, sie sind miteinander verbunden. Denn auch Sehnsucht erhofft etwas. Sie streckt sich voller Intensität nach dem aus, was noch nicht ist. Sie ist eine Kraft, die die bestehende Wirklichkeit übersteigt. Sie kann sich verbinden mit Vertrauen auf etwas Künftiges – und auch sie möchte, dass es wahr und wirklich wird.

Meine Sehnsucht und meine Hoffnung verbinden sich im Glauben an die Auferstehung. Das bedeutet auch, schon jetzt aufzustehen aus dem Dunkel in das Licht, aus der Enge in die Weite, aus der Starre in die Lebendigkeit, aus dem Grab in das aufrechte Stehen und Gehen.

Meine Sehnsucht und meine Hoffnung beziehen sich auf eine menschliche Gemeinschaft, in der Gottes Liebe herrscht und nicht der Profit. Sie beziehen sich darauf, dass wir in seiner Herrschaft Freiheit erfahren vom Missbrauch der Macht. Ich hoffe und ersehne, dass das Reich Gottes in jedem Einzelnen ankommt, damit er ganz er selbst werden kann, damit er frei wird von der Herrschaft des eigenen Über-Ichs. Ich hoffe und ersehne, dass dieses Reich in einem neuen Miteinander sichtbar wird. Und dass dieses Reich auch in der Beziehung zwischen Mensch und Kosmos sichtbar wird, in einer Schöpfung, die die Schönheit des Schöpfers widerspiegelt.

Meine Sehnsucht vertraut auf eine neue Spiritualität, die die Menschen berührt und mit ihren inneren Quellen in Berührung bringt. Die sie aus dieser inneren Quelle leben lässt, damit sie geben können, ohne sich zu verausgaben, damit sie an dieser neuen Welt arbeiten, ohne zu resignieren und mitten in der Welt etwas vom Geschmack Gottes verbreiten.

Ich sehne mich auch nach einer Sprache, die verbindet, einer Sprache, die aufweckt, einer Sprache, die ein neues Miteinander ermöglicht, einer Sprache, die das Unaussprechliche ausspricht, das Unhörbare hörbar macht. Ich wünsche mir eine Sprache, die Leben weckt und aufrichtet, die ermutigt, klärt und befreit.

Ich hoffe auf eine Menschengemeinschaft, die einen Raum schafft, in der Gebeugte sich aufrichten, Aussätzige sich annehmen, Gelähmte gehen, Blinde sehen und Erstarrte und Tote wieder aufstehen zum Leben. Und ich glaube, dass in unserer so unerlösten Welt Heil und Erlösung wirksam werden, unsere Wunden geheilt und zu Perlen verwandelt werden und dass Gott unsere Verletzungsgeschichte verwandelt in eine Geschichte des Aufgebrochenwerdens für das Heil.

Ich hoffe auf eine neue Erde und einen neuen Himmel, auf eine neue Schöpfung, nicht erst nach meinem Tod, nicht erst am Ende der Welt, sondern jetzt schon. Darauf, dass Gott auch in unseren Tagen Neues schafft, ein neues Miteinander, einen neuen Ausgleich zwischen den Menschen.

Ich hoffe, dass wir zu uns selbst finden, zu seinem wahren Selbst, zu dem unverfälschten und ursprünglichen Bild, das Gott sich von jedem gemacht hat.

Ich hoffe, dass dadurch Hoffnung in den Herzen der Menschen geweckt wird, Versöhnung, Frieden und Liebe.

Ich hoffe, dass die Menschen, die sich selbst entfremdet sind, eine Liebe erfahren und leben, die nicht mehr vermischt ist mit Besitzansprüchen, eine Liebe, die strömt und die Menschen verzaubert, die einen neuen Geschmack des Lebens hinterlässt.

Ich hoffe, dass die Liebe nicht erkaltet, sondern überströmt.

Ich hoffe auf eine Liebe, die den Tod besiegt.

# V.
# AUSKLANG

# DAS SCHÖNSTE AM ENDE

■ ■ ■

Dass die Sehnsucht uns neue Augen für das schenkt, was wir wahrnehmen, zeigen mir die wunderbaren Verse, die der türkische Dichter Nazim Hikmet geschrieben hat:

„Das schönste der Meere ist jenes,
das wir noch nicht sahen.
Das schönste der Kinder ruht noch in bergender Wiege.
Die Tage, die schönsten sind jene,
die wir noch nicht lebten.
Und, was ich dir sagen möchte, das Schönste,
ich habe es noch nicht gesagt."

Wer mit den Augen dieses türkischen Lyrikers die Welt sieht, für den hält die Welt immer neue Überraschungen bereit. Er wird sich nie gelangweilt in den Sessel zurücklehnen. Er sieht in allem das, was er noch nie erblickt hat. Er sehnt sich danach, das Unsichtbare zu sehen, das noch nicht Erlebte zu erleben und das Ungesagte zu sagen. In allem, was er erlebt, erfährt er ein Versprechen, erkennt er eine Verheißung. Die Verheißung des noch nie Dagewesenen.

Für mich gibt es kein besseres Ende eines Buches als die letzten Worte dieses kurzen Gedichts: „Und, was ich dir sagen möchte, das Schönste, ich habe es noch nicht gesagt." Ich halte das Schönste nicht zurück. Ich kenne es einfach noch nicht. Ich weiß nur, dass es das Schönste gibt. Und in allem Schreiben und Reden strecke ich mich nach diesem Schönsten aus, nach dem Wort, das die Augen öffnet für das Geheimnis Gottes, nach dem Wort als einem Schlüssel, das die Wirklichkeit so aufschließt, dass das Geheimnis und die innere Schönheit Gottes darin aufleuchten. Für mich bedeutet

Schreiben die Suche nach dem Schönsten, nach dem, was mein und dein Leben zum Strahlen bringt. Aber ich habe es noch nicht gefunden. Auch mir geht es wie dem türkischen Dichter Nazim Hikmet. Daher schreibe ich weiter und wünsche uns allen, dass wir mit den Augen der Sehnsucht lesen, damit uns irgendwann in einem Wort das Schönste aufleuchtet, das jedes Leben in die unbeschreibliche Schönheit Gottes taucht.

Ich wünsche den Lesern und Leserinnen dieses Buches, dass sie die beflügelnde und befreiende, die heilende und die friedenstiftende Wirkung der Sehnsucht an sich erfahren können. Ich wünsche jedem, der sich auf diese Gedanken einlässt, dass er mit der Sehnsucht seines Herzens in Berührung kommt und sich in seiner Sehnsucht nicht krank, sondern lebendig fühlt, dass er in seiner Sehnsucht die eigene Würde spürt, die ihm niemand zu rauben vermag. Denn die Sehnsucht lässt sich durch nichts besiegen. Sie ist auch in der größten Niederlage lebendig. Sie hält uns lebendig und schenkt uns wahre Freiheit und einen unzerstörbaren Frieden. Und wenn das Wort von Saint-Exupéry stimmt, dass die Sehnsucht nach Liebe schon Liebe ist, dann erfüllt uns die Sehnsucht auch mit einer Liebe, die durch die Konflikte und Bedrängnisse des Alltags nicht zerstört werden kann.

# Anselm Grün bei Herder

**Herzensruhe**
Im Einklang mit sich selber sein
Taschenbuch, Band 4925
ISBN 3-451-04925-2

**Jeder Mensch
hat einen Engel**
Taschenbuch, Band 4885
ISBN 3-451-04885-X

**Das kleine Buch
vom wahren Glück**
Taschenbuch, Band 7007
ISBN 3-451-07007-3

**Vergiss das Beste nicht**
Inspiration für jeden Tag
Taschenbuch, Band 4864
ISBN 3-451-04864-7

**50 Helfer in der Not**
Die Heiligen fürs Leben
entdecken
Taschenbuch, Band 5288
ISBN 3-451-05228-1

**50 Engel für die Seele**
160 Seiten, gebunden
mit Schutzumschlag
ISBN 3-451-27444-2
auch als Taschenbuch:
Band 5277
ISBN 3-451-05277-6

**50 Engel für das Jahr**
Ein Inspirationsbuch
160 Seiten, gebunden
mit Schutzumschlag
ISBN 3-451-27178-8
auch als Taschenbuch:
Band 4902
ISBN 3-451-04902-3

**Mit Herz und allen Sinnen**
Jahreslesebuch
400 Seiten, Halbleinen
ISBN 3-451-26793-4

**Der Himmel beginnt in dir**
Das Wissen der Wüstenväter
für heute
144 Seiten, Halbleinen
ISBN 3-451-27184-2

**Die Bibel**
Mit Einführungen und
Meditationen von Anselm Grün
640 Seiten, gebunden
ISBN 3-451-27858-8

Anselm Grün/Maria-M. Robben
**Finde deine Lebensspur**
Die Wunden der Kindheit
heilen – Spirituelle Impulse
188 Seiten, gebunden
mit Schutzumschlag
ISBN 3-451-27516-3

**HERDER**

# Auf die Balance kommt es an

Anselm Grün
**Buch der Lebenskunst**
Hg. von Anton Lichtenauer
224 Seiten, gebunden
mit Schutzumschlag
ISBN 3-451-27997-5

An uns selbst liegt es, dass wir glücklich werden. Ist Leben also eine Kunst? Anselm Grün sagt: Ja – und jeder kann sie lernen. Seine Einsicht: Es bringt nichts, sich unter Druck zu setzen. Wer überzogene Ansprüche hat, steht sich selbst im Weg. Worauf es ankommt? Aufwachen zu dem, was wirklich wichtig ist. Innehalten statt hetzen. Dinge reifen lassen und seinen eigenen Rhythmus suchen. Das rechte Maß in allem finden. Tun, was Leib und Seele gut tut. Sich selbst und andere mit nachsichtigeren Augen betrachten. Darin besteht die Kunst: sich tief auf das Leben einlassen – und offen bleiben für das Überraschende, das das Leben bereithält – für jeden und für jede. Jeden Tag.

**HERDER**